LE
HAREM

DE

ERNEST D'HERVILLY

FAC ET SPERA

PARIS

ALPHONSE LEMERRE, ÉDITEUR

27-29, PASSAGE CHOISEUL, 27-29

—

M DCCC LXXIV

LE HAREM

1862-1874

DU MÊME AUTEUR

POÉSIES

LES BAISERS, un vol.
JEPH AFFAGARD, un vol.

THÉATRE

LE MALADE RÉEL, à-propos, en un acte, en vers.
LE BON-HOMME MISÈRE, *Légende*, en trois tableaux, en vers,
avec la collaboration de M. A. Grévin.
LA BELLE SAÏNARA, *comédie japonaise*, en un acte, en vers.

Sous presse

POÉSIES

AMOUR-HUMOUR, un vol.
LES RÉVOLTES DU SOLEIL, un vol.

THÉATRE

LA RONDE DE NUIT, un acte, en vers.
LA SAUVAGESSE, quatre actes, en prose.

Pour paraître prochainement

POÉSIES

POUR NOUS DEUX, un vol.

Paris. — J. CLAYE, imprimeur, 7, rue Saint-Benoit. — [330]

LE

HAREM

DE

ERNEST D'HERVILLY

FAC ET SPERA

PARIS

ALPHONSE LEMERRE, ÉDITEUR

27-29, PASSAGE CHOISEUL, 27-29

—

M DCCC LXXIV

A

VICTOR HUGO

COMME UN TÉMOIGNAGE

DE

LA VÉNÉRATION PASSIONNÉE

DU

PLUS HUMBLE DE SES FIDÈLES

Je dédie ce livre

E. D'H.

AU LECTEUR

Ce livre est mon Harem. — Ici sont enfermées

Les Femmes qu'un poëte aux espoirs persistants,

Chercha, d'un pôle à l'autre, à travers tous les temps,

Sur les ailes du Rêve, et qu'il a très-aimées.

I

DANS LES POLDERS

A Champfleury

Je voudrais demeurer sur les bords de la Meuse,
Dans les polders herbus, non loin de Rotterdam,
Posséder de Terburg une toile fameuse,
Fumer la pipe longue et boire du schîdam.

Avec ses volets verts, et sa joyeuse teinte,
Ma ferme apparaîtrait, riante, aux yeux ravis,
Au bout de la prairie interminable où tinte
La sonnaille des bœufs de génisses suivis.

La cigogne aimerait la haute cheminée
De mon logis battu parfois du vent de mer ;
Là, fier de mes oignons de tulipes, l'année
Coulerait prestement, sans un seul jour amer ;

Mes dîners seraient longs : — après les vins de France,
Le fromage onctueux et le gras curaçao,
Je parlerais avec flegme de la garance,
Du bourgmestre défunt, ou d'un nouveau vaisseau.

Entre les tilleuls roux que dépassent à peine
Les pignons espagnols de ma chère maison,
Je voudrais voir filer, de mon fauteuil de chêne,
Les grand'voiles des Kofs, blanches, à l'horizon.

J'aimerais voir aussi les voitures dorées
Qui, pendant les grands jours, portent les paysans,
Et, le long des canaux, les barques amarrées
Dressant au ciel leurs mâts goudronnés et luisants.

Je me sens, je l'avoue, un grand faible dans l'âme
Pour le pays d'Érasme et des bons imprimeurs,
Pour ses larges foyers à l'éternelle flamme,
Rougissant, à la nuit, la face des fumeurs :

Car j'aime en ce pays calme une jeune fille.
Sous un ciel gris et doux qu'un court été bleuit,
Plaisir des yeux émus de sa grave famille,
Fleur modeste et charmante, elle s'épanouit.

Ce n'est point Amsterdam la marchande, ni Leyde
La savante, ni Delft, vieil émailleur de pots,
Qui renferme l'enfant honnête à qui je cède
Docilement mon cœur avide de repos.

Non! un coin ignoré, dans le pays des digues,
Des braves amiraux et des grands stathouders,
Dérobe mon trésor à l'œil des vieux prodigues :
Il est, sous des tilleuls, dans le fond des polders.

Oui, c'est là-bas, là-bas, sur les bords de la Meuse,
Dans les marais herbus, pleins de bœufs en été,
Non loin de Rotterdam, la Marseille brumeuse,
Où l'on boit, tous les soirs, des océans de thé.

Ma Keetjen aux yeux bleus est blonde comme l'ambre;
Son teint est blanc; sa joue est d'un carmin très-frais,
Et pareille à l'épi rose embaumant sa chambre
D'une jacinthe en fleur dans un vase de grès.

Lorsque le mois de mai de fleurs jaunes constelle
Les pâturages verts, elle court au marché
En courte jupe rouge, en bonnet de dentelle,
Le front sous un bandeau d'or à moitié caché;

En haut de son corsage une toile de Frise
Palpite sous l'effort de son sein ingénu;
Sa robe qui s'envole en arrière à la brise,
Laisse voir son bas vert et son soulier menu.

L'hiver, par les temps noirs, elle part, sur la glace,
Un grand panier au bras; — le fer de son patin
Coupe la glace et file en laissant moins de trace
Qu'aux rayons du soleil les brumes du matin.

Et, chaque samedi, de l'aube au soir, sans honte,
Elle écure et fourbit, à tour de bras et dru,
Les coquemars de cuivre et les poêles de fonte,
Ou donne au carrelage un ton de beefsteack cru!

Adieu, bonheurs trop sûrs! — Va, tes yeux adorables,
Ma placide Keetjen, jamais ne les verrai;
Et loin de la Hollande aux moulins innombrables,
Ainsi que Chien-Caillou, dans mon trou je mourrai.

II

SUR LES BORDS DU SAUBAT

A Théophile Gautier

Fille des durs Nouers, négresse callipyge,
J'habite pour jamais ta case au toit pointu.
Adieu, Paris! — Amis, si quelqu'une s'afflige,
Dites-lui qu'en Afrique on est très-mal vêtu.

Dites-lui que je chante aux pieds de ma maîtresse,
Accompagné du gong, des airs prodigieux;
Dites-lui que le soir, sous les thuyas, je tresse
Des ceintures d'écorce en regardant ses yeux;

Dites-lui que je suis plus noir que ses bottines;
Qu'une énorme crinière ondule sur mon front,
Mais que sur mon lit veuf de pudiques courtines,
Ma maîtresse est fidèle et le sommeil est prompt;

Dites-lui qu'aujourd'hui j'erre dans la campagne,
Mes flèches sur le dos, et mon arc à la main;
Dites-lui que, couvert modestement d'un pagne,
Je cherche le dîner que je cuirai demain.

A celle que j'aimais dans votre ville sombre,
Dites que ma négresse, à l'heure du soleil,
En plein midi, debout pour me faire de l'ombre,
Se tient en souriant et guette mon réveil;

Dites-lui qu'au retour elle n'est jamais lasse;
Que je suis son seigneur; que son amour est tel,
Qu'elle porte gaîment sur l'épaule ma chasse,
Tandis que je la suis en mâchant du bétel.

Dites à cette fille implacable et débile
Qui meurtrissait mon cœur entre ses petits doigts,
Qu'ici je peux tuer qui m'échauffe la bile
D'un coup de casse-tête, et que je fais les lois!

Ma maîtresse est très-belle, et vaut cher ! Ses oreilles
Pendantes sur son col ont des anneaux de fer ;
Ses dents sont d'un beau jaune ; et ses lèvres, pareilles
Au fruit du jujubier, semblent embrasser l'air.

Ses seins noirs et luisants, dressés sur sa poitrine,
Ont l'air de deux moitiés d'un boulet de canon ;
Aux coins de son nez plat, passé dans la narine,
Pendille, — et c'est ma joie ! — un fragment de chaînon.

Ses cheveux courts, tressés, ont l'aspect de la laine ;
Sa prunelle se meut, noire, sur un fond blanc,
Humide, transparent comme la porcelaine ;
Et son regard vous suit, placide, doux et lent.

Ses membres sont ornés de bracelets de graines
Éclatantes ; elle a des joyaux plus coquets :
Pour lui faire un manteau comme en portent les reines,
J'ai tué dans les bois plus de cent perroquets !

Moi seul l'ai tatouée ! et moi seul sur sa joue
Ai peint en vermillon de bizarres oiseaux,
Ou bien, à l'ocre jaune, une charmante roue.
Chef grave, j'ai construit son ombrelle en roseaux !

Pour vos maigres tailleurs j'ai gardé peu d'estime :
La peau d'un buffle noir enveloppe mes reins,
Et sur son cuir tanné j'inscris chaque victime
De ma zagaie, où flotte une touffe de crins!

Notre couple effrayant en tous lieux a la vogue;
On le cite à la danse, au festin, au combat;
Nul ne sait mieux que nous conduire une pirogue
Sur les flots encombrés de nasses du Saubat.

Ma négresse est mon dieu! je l'avoue à voix basse;
Et, quand j'ai vendu deux défenses d'éléphant,
Je lui verse du rhum à pleine calebasse,
Et pendant qu'elle boit, je porte son enfant.

Alors, je suis heureux! Je hurle en vrai sauvage!
Mes trois colliers de dents rendent un son hideux!
Je bondis! et mon cœur ne voit plus le rivage
Où vit, en m'oubliant, une femme aux yeux bleus.

III

AMOUR BORÉAL

A Leconte de Lisle

Nous n'irons plus au Bois. » Je n'ai plus rien dans l'âm
O filles de l'Europe, à vous dire en tremblant :
Vos lauriers sont coupés ! — Je n'aime qu'une femme ;
    Elle habite le Groënland.

Je n'eus jamais pour vous, mes belles souveraines,
Un amour aussi vif, aussi fécond en vœux ;
Pourtant elle demeure au pays blanc des rennes,
    Des blaireaux gris, des renards bleus,

Sous le ciel sombre où l'aigle à l'immense envergure
Dispute aux longs ours blancs un corps putréfié,
Non loin du pôle arctique où l'agile mercure
       Est souvent solidifié.

Ma bien-aimée a vu l'aiguille des boussoles
Danser sur son pivot comme un jeune arlequin ;
Mais elle ne connaît ni les filets de soles,
       Ni les sorbets au marasquin.

Son teint a la couleur de l'huile d'or des lampes ;
Sa lèvre épaisse est rouge ainsi qu'un bigarreau ;
Un habile *Anghékok* a tatoué les tempes
       De mon adorable Eskimau.

Son petit œil bridé, sous sa large pommette
Brille d'un éclat vif. — Tout son corps est mignon.
Un nerf séché rassemble au sommet de sa tête
       Ses cheveux graissés, en chignon.

Elle n'a pas seize ans, mais je sais qu'elle excelle
A mener trente chiens, debout sur son traîneau,
Ou, parmi les glaçons que le vent amoncelle,
       A harponner le baleineau.

L'hiver, dans une hutte en côtes de baleine,
D'une arête effilée elle coud ses habits,
Tandis qu'autour du feu, suant, manquant d'haleine,
    Ses frères parlent des Obis.

Là, pendant que son père enferme dans l'écorce
Le cuivre en grains, les peaux qu'on attend à l'Hudson,
Avec l'ivoire vert du narval et du morse,
    Sa mère aiguise un hameçon

Puis vient le court été, le ciel triste s'égaie
L'aurore boréale a fui de l'horizon;
Alors sur son kajak, manœuvrant la pagaie,
    Mon amour quitte sa prison.

Le priuwer léger prend son vol devant elle,
Et sur les pics lointains, grands prismes de cristal
Qu'irise le soleil, il va lisser son aile
    En poussant son long cri fatal.

Sous les rares bouleaux à la tremblante feuille,
Joignant aux agarics les cochléarias,
Pour son renne au lait pur, je la vois qui vous cueille
    Lichens, — ô foin de parias!

Près d'elle, en vagissant, se traîne un bon vieux phoque
Qui l'aime et la regarde avec ses gros yeux doux,
Et, lorsqu'elle s'assied, pour un poisson qu'il croque,
     Met sa tête sur ses genoux.

Voilà celle que j'aime!... elle sera la page
Toujours blanche, ô mon cœur, jusques à ton déclin,
Peut-être plaira-t-elle aux hommes d'équipage
     De quelque nouveau John Franklin!

IV

PRÈS D'ATHÈNES

A Henry Houssaye.

Dans la mousse flexible où les pommes de pin
Tombent avec un bruit qui scande le silence,
Les bergers dorment, las, et gorgés de lupin ;
Leur syrinx aux rameaux des buissons se balance.

C'est l'heure où l'ombre est ronde au pied des arbousi
Hélios, au zénith, les prunelles sereines,
Respire ; d'un bras fier il retient ses coursiers
Resplendissants de feux et cabrés dans les rênes.

Sous le ciel éclatant de l'impassible été,
Baignant avec amour l'Attique aux nobles lignes,
La mer luit, violette, avec placidité,
Mais le sang d'un dieu fort bouillonne dans les vignes !

Sur l'horizon brillant, par larges tourbillons,
Les sauterelles font comme un brouillard roussâtre ;
Leur murmure incessant s'élève des sillons
Pareil au bruit d'un feu de paille dans un âtre.

Au fond des bois, dans l'Antre où nul ne l'a surpris,
Pan sommeille, veillé par ses robustes chèvres,
Ses sabots noirs croisés sur les gazons fleuris,
L'oreille détendue, un rire vague aux lèvres.

A cette heure, je sais — et j'y songe en tremblant !
Loin des champs dont l'argile épaisse est crevassée,
Une très-jeune épouse, à l'œil calme, au teint blanc,
Dans le demi-jour frais d'un chaste gynécée ;

Dans la ville, là-bas, qui dresse sur l'azur
Ses temples délicats de marbre pentélique,
Vit une jeune épouse, au teint blanc, à l'œil pur,
Qui tourne son fuseau d'un doigt mélancolique.

O Dieux ! — Sous ce vieux toit aux poutres de cyprès
Entre ces humbles murs bâtis en briques rousses,
Qu'il ferait bon s'asseoir sans désirs, sans regrets...
Les heures seraient là légères et si douces !

Ports lointains, dans les nuits de tempête rêvés !
O famille ! ô foyer ! rassérénantes choses !
Dans ce logis obscur vous êtes conservés !
Ce sentier y conduit, bordé de lauriers-roses...

Ce sentier, je pourrais le suivre, — Éros ! — et puis
Atteindre enfin le seuil embaumé de mélisses,
Où ma main tremblerait sur un verrou de buis...
Mais non ! — Restons-en loin ! — O navrantes délices

Arrière votre bouche aux longs baisers ardents,
Et vos bras ronds et froids, ô filles de Corinthe
Qui passez dans la rue un brin de myrte aux dents,
Balançant sur la hanche un péplos d'hyacinthe !

Je ne tetterai plus l'outre de cuir roussi,
Le soir, en votre honneur, splendides courtisanes,
Trébuchant et chantant, les yeux rouges, ainsi
Qu'un marchand d'huile rance au milieu de ses ânes !

Je me range. — Je suis un grave citadin,
Avec la robe simple et l'allure posée ;
Les orateurs du Pnyx n'entendront plus, soudain,
Chanter sous mon manteau ma caille apprivoisée.

Bons joueurs d'osselets, flâneurs de l'Agora,
Badauds du port, adieu ! — Je quitte votre troupe ;
Pour vous mon patrimoine entier s'évapora !
Adieu, Ventres sans fond : — Je retourne ma coupe !

J'aime à présent d'un cœur timide et fraternel
Où ne germera point un espoir adultère,
Une épouse modeste à qui sourit le ciel ;
J'aime sa grâce froide et son parfum austère.

Comme la jaune abeille et comme la fourmi,
Elle est vive, elle est sobre, elle est industrieuse ;
Et ses voisins jamais n'ont pu la voir parmi
Les matrones, causant bavarde et curieuse.

Son mari, — Pôseidon le protége ! — un marin
Qui transporte à Milet les étoffes d'Athènes,
Possède trois vaisseaux faits de cèdre et d'airain,
Dont le vent a poli les solides antennes.

Tandis que le brave homme (ô Dieux, veillez sur lui)
Rit au milieu des mers, ayant sa voile pleine,
Celle qui m'a dompté chante son doux ennui
Dans sa chère maison en filant de la laine.

Elle file. — A ses pieds, tels deux petits héros,
Ses enfants luttent, nus, sur un tapis de paille ;
Mania, la nourrice, un vert fouet de poireaux
Entre ses doigts brunis, les surveille et les raille.

Ainsi coulent ses jours. — Bonheur où rien n'est vain !
Et quand l'auguste nuit vient endormir la terre,
Loin de mon jeune cœur plein d'un trouble divin,
Elle allume sa lampe, épouse solitaire.

V

L'INFORTUNÉE

A André Gill

Le gaz dans le brouillard allumait son aurore.
C'était dans la Cité qui jette des faubourgs
Sur sa verte banlieue, et sans bruit la dévore ;
Tel un poulpe allongeant ses tentacules lourds.

L'année allait finir. Il pleuvait de la boue.
Mais tous avaient noyé désespoirs et besoins
Dans la liqueur traîtresse ; or, des pleurs sur la joue,
Des vieux dansaient, tout seuls, la gigue dans des coins.

La bruine était froide et prenait à la gorge.
Partout, trois mots trouaient en lettres blanches l'air
Opaque et saturé d'un aigre relent d'orge ;
Oui, partout on lisait : HOUILLE. GENIÈVRE. FER.

Nuit triste! longue nuit! ô nuit pleine de honte!
Étais-je ivre, ou bien fou? — Qui sait? — J'entends toujours
Le tonnerre des trains sur des voûtes de fonte,
Et je te vois, fantôme en chapeau de velours !

Était-ce un cauchemar? Je ne sais. — Près d'un fleuve,
Cette nuit-là, j'errais sur des quais singuliers.
Une femme en tartan, très-svelte, à l'air de veuve,
S'enfuyait devant moi, charmante, — sans souliers.

Je la suivais. — Sur nous déferlaient des ténèbres.
Nous allions! — Le gosier noir de chaque entrepôt
Nous soufflait (on eût dit l'odeur des croix funèbres)
La senteur du sapin mouillé de galipot.

Un étrange horizon, confus, de couleur d'encre,
S'alignait sur les bords de ce fleuve houleux :
Vaisseaux avec des toits, ou bien maisons à l'ancre?...
On n'y distinguait rien que çà et là des feux;

Des feux qui zigzaguaient sur la pesante moire
De l'eau d'où, par milliers, semblaient pousser des mâts,
Des mâts et leurs agrès, des mâts dont ma mémoire
Est pleine; inextricable et fantastique amas.

De ce chaos obscur s'élevaient dans l'espace
Des bruits inquiétants pour un cœur d'étranger :
De soudaines clameurs, des appels à voix basse,
Des coups de sifflet brefs, des cris d'homme en danger...

Puis des refrains hindous pleurés par des coolies...
Puis des chiens tout à coup hurlant sur des beauprés. .
Puis les hoquets du flot. Puis le chant des poulies
Que balance dans l'air le vent venu des prés...

Puis, monstrueux, coiffé de sa fumée énorme,
Un steamer qui barrit ainsi qu'un éléphant
Et démarre, entraînant quelque noyé difforme
Endormi dans la vase, et dont la peau se fend...

O rivière terrible! ô plaintes entendues!
Mais cette femme était un phare pour mes yeux;
Je marchais, je marchais les prunelles tendues,
Et j'avais comme une aile à mon pied furieux!

Je courais, enjambant sans peur, dans l'ombre épaisse,
Le long des bâtiments muets et solennels,
Les vieux câbles de fer qui les tiennent en laisse;
Ou bien je m'engouffrais au fond d'étroits tunnels.

Au sortir de l'un d'eux, j'émerge — (course vile!)
Dans une voie immense et j'y marche, hébété.
Qu'est-ce qu'on fêtait donc dans cette vieille ville,
Ce soir-là? — Tout était fracas, vie et clarté.

Oh! quelle éruption gigantesque de flammes!
La lumière tombait, lave aux éclats pourprés,
Sur des dindes en tas, blanches comme des femmes,
Et sur de vastes pieds de céleri nacrés.

Partout s'amoncelaient les solides provendes
Dont l'estomac humain se fait le laminoir :
Des étaux dégorgaient des flots de grasses viandes
Que des bouchers gardaient, graves, en habit noir;

Sous le poids des homards, des cochons, des morues,
Des faisans, des saumons, des paniers d'escargots,
Partout! partout le long d'interminables rues,
Les tables chancelaient sur leurs pieds inégaux.

Je me souciais peu de toutes ces chairs mortes!
Non, j'étais affamé d'amour cette nuit-là!
Mais les gens de police embusqués sous les portes,
Salivaient lentement en contemplant cela.

Et devant moi, toujours, — ô cher, ô doux mystère
Frôlant les lourds paquets des houx verts et des guis,
Cette femme courait, très-svelte, l'air austère,
Avec ses beaux pieds nus et ses yeux alanguis.

A travers les passants chargés de comestibles
Et de jouets brillants, j'allongeais un pas fou,
Fouetté par un désir des plus irrésistibles,
Et l'angoisse amenait des râles dans mon cou.

Que disaient donc ces gens dont je brisais les files?
Bah! ils me lapidaient de leurs jurons grossiers,
Tandis que je filais, démolissant les piles
De citrons aigrelets au seuil des épiciers.

Où courait-elle ainsi la créature pâle,
Des guipures de fange à ses tristes jupons,
Et qui serrait si fort son misérable châle
Quand le vent de la mer nous glaçait sur les ponts?

Où courait-elle ainsi? — Pourquoi ce front livide
Sous un voile troué? Pourquoi le bruit des eaux
Semblait-il doux parfois à son oreille avide,
Bien qu'elle en frissonnât de tous ses maigres os?

Satellite acharné de cette étoile éteinte,
Soudain je vis l'abîme où nous roulions tous deux,
Horreur! — et je fus pris d'une effroyable crainte,
Et l'ongle du remords fouilla mon cœur hideux.

Et je voulus!... Trop tard! — Au bout d'une ruelle
Je tombai sur le sol comme un bœuf, étouffant...
Dieu me damne! — A présent la rivière cruelle
Lave les beaux pieds nus de cette pauvre enfant.

VI

A LA LOUISIANE

A Madame F. Cécile d'H...

Sous l'azur enflammé le vieux Mississipi
    Fume. — Il est midi. — Les tortues
Dorment. Le caïman aux mâchoires pointues
    Bâille, dans le sable accroupi.

Les cloches ont sonné le breakfast dans la plaine;
    Et l'on n'aperçoit plus, là-bas,
Dans les cannes à sucre et dans les verts tabacs,
    Les nègres aux cheveux de laine.

Tandis que sur les champs où gisent les paniers
       Des noirs étendus dans leurs cases,
Le soleil tombe droit et dessèche les vases
       Nourricières des bananiers;

Chez Jefferson and Cº, dont le coton, par balles,
       Gorge le Havre et Manchester,
On siffle le petit Africain Jupiter,
       Un rejeton de cannibales!

Jupiter, négrillon vorace et somnolent,
       Qui chérit l'éclat blanc du linge,
Un large éventail jaune entre ses doigts de singe,
       S'avance d'un pas indolent.

Or, préférant, selon toutes les conjectures,
       La cuisine à la véranda,
Il évente, rêveur, sa maîtresse Tilda,
       En digérant des confitures.

Et, cependant qu'il suit de son gros œil d'émail
       Les zigzags sans fin d'une mouche,
L'ivoire de ses dents brille au bord de sa bouche,
       Entre deux croissants de corail.

Un jour discret emplit la véranda tranquille,
    Filtré par les feuillages verts;
Les stores de rotin au hasard entr'ouverts
    Laissent passer des fleurs par mille.

Nul bruit. — L'éventail bat l'air tiède et parfumé
    Avec un soupir monotone;
Un griffon de Cuba, muet, se pelotonne
    Ou s'étire, ingrat trop aimé!

Deux splendides aras, de leur perchoir d'ébène
    Lancent, assoupis, des clins d'yeux
Sur l'enfant noir, objet de leur secrète haine,
    Et sur le Havanais soyeux.

Un macaque chéri, jeune mais blasé, grave
    Comme au Sénat le président,
Crève, plein d'insolence, et du bout de la dent,
    La peau jaune d'une goyave.

Au dehors les crapauds se taisent dans les joncs
    Mystérieux des marécages.
Les Moqueurs alanguis ont cessé dans leurs cages
    De contrefaire les pigeons.

Miss Tilda Jefferson, une enfant, paresseuse,
   Paresseuse créolement,
Abandonne son corps au tangage charmant
   Et doux de sa large berceuse;

Elle est pâle, très-pâle, avec des cheveux bruns,
   Dans son peignoir de mousseline :
On voit à la blancheur de l'ongle à sa racine
   Que son sang noble est pur d'emprunts.

Le balancin de canne où miss Tilda repose
   Obéit à son poids léger ;
La chère créature au doux nom étranger
   A l'oreille porte une rose.

Sa suivante Euphrasie, en madras jaune et bleu,
   Aux grosses lèvres incarnates,
Rit, sans savoir pourquoi, dans un coin, sur les nattes,
   Humant sa cigarette en feu.

Miss Tilda Jefferson fait la sieste; elle rêve;
   Elle pense à son doux ami;
Ses admirables yeux sont fermés à demi.
   Son nègre l'évente sans trêve.

L'œil clos, miss Tilda suit Davis Brooks, son amant,
    Sur les houles de l'Atlantique,
Tandis que Jupiter, harcelé d'un moustique,
    La contemple piteusement.

Elle voit son Davis, tête hâlée et fière,
    Sur le pont du schooner *Dolly*,
Qui fume, accoudé sur l'habitacle poli,
    En casquette à longue visière;

Le schooner roule et tangue, et ses mâts gracieux
    Jettent leurs ombres sur les lames,
Et l'ombre des huniers, des espars et des flammes...
    Davis Brooks paraît soucieux?

Miss Jefferson sourit — (le fin navire lofe
    Et s'éloigne) — ses doigts mignons
S'agitent faiblement, délicats compagnons
    Du sein qui tremble sous l'étoffe.

Ainsi, sur l'Océan où croise son amour,
    La blanche miss Tilda s'égare,
A laquelle ce soir, en brûlant un cigare,
    Trente planteurs feront leur cour.

Mais, hélas! insensible à tant de poésie,
      Jupiter pousse un cri plaintif,
Et dans son coin obscur, toujours sans nul motif,
      Rit la mulâtresse Euphrasie;

Autour d'eux le chien blanc, les perroquets pourprés
      Et le singe roux, tout sommeille;
Le vent qui passe apporte, avec un bruit d'abeille,
      L'odeur des ananas dorés.

VII

FLORENTINES

A Léon Cladel.

Laurent le Magnifique étant gonfalonier,
Un gai matin d'avril deux dames florentines
Laissèrent leurs amants à l'ombre des courtines,
Pour aller voir les Fous; caprice printanier!

Il tombait du grand ciel comme une douce joie;
L'hirondelle aux yeux fins tourbillonnait dans l'air.
Les deux dames, riant d'un rire jeune et clair,
Balayaient le pavé de leurs robes de soie.

Leur nuit avait été charmante! — Sur leurs dents
La lèvre s'appuyait chaude, humide et vibrante ;
Leur col où se gonflait la veine bleue errante,
Portait des longs baisers les vestiges ardents ;

Leurs yeux qu'auréolait une teinte azurée
Brillaient, larges et purs ; et leurs énormes cils,
Étamines d'ébène autour de noirs pistils,
Avivaient le regard sous la paupière ambrée.

Délicats, parfumés, et blancs, les seins captifs
Sous les barreaux croisés des velours du corsage,
S'agitaient, çà et là, mettant au front du sage
Qui passe, et se souvient, des pensers fugitifs.

Or, rapides ainsi que les fauves abeilles
A travers la lumière elles allaient gaîment,
Côtoyant les palais de marbre où, par moment,
S'apercevait le haut des pins verts et des treilles.

Les mariniers chantaient sur les bords de l'Arno
Qui frangeait d'argent fin les rides de sa berge,
Et les moines rasés, jaunis, en froc de serge,
Les doigts unis, priaient le divin Bambino.

Le cœur noyé d'amour, les belles pêcheresses
Dans l'église du Dôme entrèrent un instant,
Allumèrent un cierge au rayon tremblotant
A Celle qui, là-haut, excuse les tendresses;

Puis, donnant sans compter aux pauvres malingreux
Qui grouillaient au soleil sur un lit de béquilles,
D'un pied alerte et sûr les amoureuses filles
Reprirent leur chemin par les Jardins ombreux.

Entre les oliviers s'élevait seule et triste
La Prison des Déments, soupirail de l'enfer,
D'où sortaient des sanglots, des voix, des bruits de
Comme en sut inventer Dante, le sombre artiste.

Le vent qui frémissait parmi les citronniers
Et les feuillages verts où se dore l'orange,
Éparpillait au loin, ignoble et dur mélange,
Avec les chants d'oiseaux les cris des prisonniers!

Bientôt un guichetier de joyeuse apparence,
Qui se jouait du luth en bayant à l'argent,
Ouvrit aux signoras d'un air tout obligeant
Cette porte où l'on laisse en entrant l'Espérance.

Dans d'étroits cabanons, nus de la tête aux flancs,
Des êtres se tordaient, comme au grand vent les chênes,
Aux pieds l'ordure, aux dents l'écume, aux bras les chaînes,
Avec des yeux vitreux et pleins d'éclairs sanglants.

Les Toscanes passaient, effleurant cette vase
Humaine où, mêlés, tous les désespoirs germaient ;
Et les Fous, affamés de femmes, les humaient
Comme les taureaux font, le mufle ouvert d'extase !

Et les grilles vibraient de ces trous ténébreux
Sous les avides doigts de ces pauvres tantales
Qui déliraient devant ces visions fatales,
Et leur jetaient des mots naïvement affreux.

Spectacle atroce, ô Dieu ! — Femmes aux lèvres rouges,
Quel prurit vous obsède ! et quel spasme effrayant
Cause donc le désir qui monte, en vous souillant,
Des sens exaspérés des brutes de ces bouges !

Quoi ! vos pâles amants s'épuisent-ils en vain !
Et ces silex usés n'ont-ils plus d'étincelle !
Quoi ! les patères d'or d'où l'ivresse ruisselle
Ne peuvent-elles donc plus s'empourprer de vin !

Hélas! piment infâme! il vous fallait ces choses
Pour doubler leur saveur aux délires du lit!
Oui, leur parfum est fade et leur carmin pâlit
S'il n'est un peu de boue aux pétales des roses!

O Florence! ô blasée! et voilà tes enfants!
Les reconnais-tu pas, toi, leur peintre, Boccace?
Que la peste revienne, et, causant avec grâce,
Ils nargueront la mort, débauchés triomphants?

Spectacle atroce, ô Dieu! — Mais, là, dans cette ca
Blême sous des cheveux blonds et la face en pleurs,
Quel est donc cet enfant qui respire des fleurs?
« Sais-tu son nom, geôlier au florissant visage? »

— « Ce n'est qu'un assassin, dames, répondit-il;
Poëte, si j'en crois ses nombreuses tablettes,
Avant de parfumer ses doigts de violettes,
Il joua, m'a-t-on dit, de son stylet subtil;

« Le Duc fut généreux; il fit incarcérer
Son rival seulement. Voilà tout. — Sa folie
Est fort douce. — Que Dieu protége l'Italie! »
Les deux dames alors se mirent à pleurer.

Puis on les vit partir, moins roses, et pensives,
Lentement, à travers les bosquets de jasmins,
Tandis que le geôlier faisait entre ses mains
Sauter des pièces d'or, et montrait ses gencives.

VIII

AKOWLINA KOMOFF

A Jules Héreau

C'est l'hiver, c'est la nuit. Les ténèbres sont blanch
Dans le steppe un traîneau s'engouffre éperdument ;
Son conducteur, debout, frappant du pied les planch
Harangue l'air sonore, et rit. C'est un amant.

Sous un berceau de cuir que la neige toisonne,
Une femme, parfois poussant un soupir bref,
Derrière lui l'écoute, attentive et frissonne.
Or voici ce que dit Nazare Kartaëf :

« Non ! » — me cria le maître. — Or l'Ancien du village,
Le Staroste Fœdor Mikheïtch s'inclina.
Mais, moi, très-humblement, je répliquai : — J'ai l'âge
De m'établir, Bârine, et j'aime Akowlina ;

« Tu me l'accorderas, Bârine, je l'espère.
Nous nous aimons beaucoup. — Tiens, même sur le roc,
Dussions-nous l'arroser de sang, ô petit père,
Nous te récolterons de quoi payer l'obrock !

« — Akowlina Komoff est ma sujette, drôle !
Et je te la refuse absolument ! Allons,
Va-t'-en ! dit Monseigneur, ou gare à ton épaule !... »
Et rouge de colère il tourna les talons.

« L'épi résiste-t-il lorsque l'on bat la gerbe ?
Il fallut obéir. Je baisai donc la main
Qui me brisait le cœur, et plus vert que de l'herbe,
Grinçant des dents tout bas, je repris mon chemin.

« Oh ! le navrant retour ! — Va ! va ! la saison douce
Ne reverdira plus la place où tombaient, lourds,
Mes pleurs amers ! Jamais ! — Ils ont brûlé la mousse,
Et troué mille fois son robuste velours !

« Mais que sert de verser des larmes, solitaire,
Comme un pin sa résine épaisse au soleil d'août !
Fuis ! me criait la voix du Steppe ; fuis ! — la terre
Est large ; tes chevaux sont vigoureux. Debout !

« Fuis ! la Justice est sourde alors qu'un serf l'implore
Le Seigneur est trop haut, et le Tzar est trop loin !
Ils ne t'entendent pas : Fuis ! Et, seul, fais éclore
L'œuf où gît ton bonheur dans quelque tiède coin !

« Que murmurait l'Ancien à mon oreille ouverte :
« L'oiseau chante à ravir dans une cage d'or,
Mais combien il est mieux sur une branche verte ! »
J'ai suivi le conseil du Staroste Fœdor.

« Je pars ! Rien ne m'arrête ! Adieu tout ! — Je t'enlève
Akowlina Komoff ! — Hurrah ! Et révolté,
Le moujick qui devait oublier jusqu'au rêve,
Étreint sur son cœur libre une réalité !

« J'ai pris mon vol pareil au faucon blanc farouche,
T'emportant dans ma serre amoureuse, et béni
Par ces tendres vieillards, aujourd'hui, dont la bouche
A baisé, pour jamais, hélas ! ton front uni.

« O mon petit pigeon tremblant sous les fourrures !
Akowlina Komoff, ma femme, mon enfant !
Ta chaste téréma n'aura plus de serrures
Pour moi : J'y suis entré, devant tous, triomphant !

« Que je t'aime, ô la plus vermeille des épouses !
Comme deux fleurs de lin tes yeux sont entr'ouverts ;
Les baisers de ta lèvre ont le goût des arbouses ;
Ils entourent de miel mes souvenirs amers !

« Nous voilà mariés ! — Dans une isba tranquille
Plus tard, ô mon trésor, nous sourirons, ravis,
A de joyeux enfants dont la taille fragile
Croîtra, comme au printemps les grains du chènevis ! »

Ainsi, fouettant sans peur son sauvage troïge,
Nazare Kartaëf abandonne le seuil
Paternel, et s'exclame, heureux du froid qui fige
Des larmes dans ses yeux resplendissants d'orgueil.

Akowlina Komoff à ses côtés blottie,
Rose en ses cheveux blonds, sourit à son amant ;
Sa tête délicate et timide est sertie
Dans un noir capuchon de peau d'ours chaudement.

Ils viennent de partir, encore ivres d'extase,
S'arrachant au foyer, au pays, à l'amour.
Là-bas, leurs vieux parents, devant l'Iconostase,
Sanglotent, prosternés, en attendant le jour.

La vent aigu du nord a roidi leur pelisse;
Qu'importe! — il faut aller! et sans cesse, et sans bruit,
Leur traîneau sur la neige étincelante glisse;
Une lune d'acier les éclaire et les suit.

Par le steppe semblable aux océans polaires
Vides, silencieux, immobiles et blancs,
Où, de loin et brisés, les sapins séculaires
Semblent des mâts perdus chargés d'agrès tremblants;

Par le steppe sans fin, Sahara moscovite
Au soleil mort, au ciel gris, au simoun glacé,
Que le corbeau géant, ce vautour noir, habite,
Et dont le chacal maigre est un loup hérissé;

Par le steppe béant, impitoyable, ils fuient
Au galop effréné de leurs chevaux nerveux!
Ils vont aux pays bleus où les larmes s'essuient,
Où l'aube est une fête, où fleurissent les vœux!

Adieu le cher village où le bruit de l'enclume
Résonne allègrement ! Adieu le thé du soir !
Près du haut poêle, autour du samovar qui fume
Reviendrez-vous jamais, ô proscrits, vous asseoir ?

Non ! vous n'entendrez plus la chanson monotone
Et triste des amants assis sous les sureaux,
Qu'accompagnent, aux jours irisés de l'automne,
Les balalaïkas aux accords gutturaux.

Adieu donc, fugitifs, suivis avec tendresse
Par l'œil des souvenirs au paradis lointain,
Vous ne reviendrez plus à l'église qui dresse
Au-dessus des remparts ses coupoles d'étain !

IX

JEANNE

A Théodore de Banville

M<small>A</small> Muse est de roture. Enfant des toits de paille,
Le sang rougit sa joue et non le vermillon :
Celle qui m'inspire est une fraîche canaille,
Une belle beurrière aux yeux d'émerillon.

Dieu merci! ce n'est point une pâle duchesse
Au nez mince, roseau que plie une vapeur!...
Non, son poing rose et dur sait maintenir en laisse
Les rudes amoureux dont les taureaux ont peur.

Son front n'est pas plissé sous un lourd diadème ;
Ses aïeux ne font pas l'hiver sur son printemps,
Mais elle est femme, et peut prétendre au rang suprême,
Car elle est belle, saine, et n'a que dix-huit ans.

Elle ne brigue point le Grand Prix d'orthographe ;
La plume noircirait ses petits doigs rosés.
Eh! qu'ajoute le style aux femmes qu'on dégrafe :
Les phrases de l'amour s'écrivent en baisers !

Je ne l'ai pas trouvée en un boudoir assise,
Tourmentant l'éventail, les pieds dans du satin
Rouge bordé de cygne, et comme une marquise,
Écoutant les fadeurs de l'Abbé du matin ;

Elle ne lisait pas un livre de la Haye,
Un livre à tranche rouge, à baguettes d'or fin ;
L'air ambré des salons qu'évoque Arsène Houssaye,
Dans ses larges poumons eût circulé malsain ;

Elle n'était point sur la Galère Réale,
Sous un tendelet pourpre à la brise entr'ouvert ;
Non, je l'ai vue un jour, en plein air, à la Halle,
Je l'ai vue, un matin, sous un parasol vert.

Sous ton vert parasol à l'immense envergure,
Transparent au soleil comme les bananiers,
Jeanne, j'ai contemplé ta mutine figure.
Autour de toi les fruits roulaient sur les paniers;

Sur ces enfers d'osiers, pleins de voix suppliantes,
Ruisselaient les raisins échappés aux pressoirs;
Par les barreaux passaient des crêtes flamboyantes,
Par les barreaux passaient de longs panaches noirs.

Et le marché semblait une églogue vivante :
Les chèvres, les agneaux, bêlant près des rayons
D'un miel d'or, avaient l'air de pleurer sur leur vente;
Le lait sur les choux verts dégouttait des clayons.

Des boucs luxurieux, barbus comme des faunes,
A défaut de cytise amer broutaient les bouts
Des énormes bouquets de fleurs rouges et jaunes.
Les pigeons roucoulaient en faisant leurs gros cous.

Les porcs ventrus poussaient des cris épouvantables,
Lorsque les acheteurs les tiraient par le pied,
Comme s'ils pressentaient les fourneaux et les tables,
Et leur linceul, hélas! trop souvent en papier.

Des lièvres fusillés, tendant leurs quatre pattes
Roides, montraient leur ventre au poil ensanglanté ;
Les perdrix entr'ouvraient leurs ailes délicates,
Les yeux éteints, mi-clos, la tête de côté.

Son bât au dos, très-humble et très-timide, un âne
Volait par-ci par-là les herbages pendants,
Tandis que tu coupais ton beurre exquis, ma Jeanne,
En mordant par instant tes doigts du bout des dents.

Tu coupais sur un lit de feuilles de platane
Le beurre où reluisait un long fil de laiton ;
J'admirais tes bras blancs au duvet diaphane.
J'admirais tes bras blancs, et j'oubliais Platon !

Car tes bras étaient nus, hors de la manche grise :
Leur coude était sans ride avec deux petits trous ;
Ils faisaient, en frôlant contre la toile bise
De ton long tablier, d'adorables frous-frous !

Tes cheveux avaient l'air d'une vigne en novembre.
Ils tombaient du bonnet en cascade aux flots roux ;
Un filet d'outremer, sous la tempe aux tons d'ambre,
Peignait une arabesque aux enlacements doux.

Ta peau resplendissait ainsi que les nuages
D'une aurore rosée où l'aube existe encor ;
Tes oreilles semblaient deux minces coquillages
Versant sur ton cou brun deux longues perles d'or.

Ton rire éclatait franc ; il s'élançait en gerbes
De tes trente-deux dents humides, en creusant,
Lorsque tu te cambrais sur tes hanches superbes,
Aux deux coins de ta bouche un pertuis séduisant.

La bavette attachée aux épingles de cuivre,
Dessinait tes deux seins, libres de tout corset,
Que soulevait ton souffle, et l'œil aimait à suivre
Les courbes de ta robe où la chair s'annonçait.

Et ta robe était courte, et ta fine cheville
Au bas de tes jupons rayés se faisait voir ;
Cendrillon, qui pourtant était de ta famille,
N'aurait jamais chaussé ton petit sabot noir.

Telle tu m'apparus, ma belle Roturière,
Telle je t'ai chantée ; et bien sot qui rira,
— N'est-ce pas, Jeanneton ? — de la belle beurrière
Qu'en buvant du vin frais eût peinte Lantara.

X

GHANNA

A Léon Dierx

Lᴀ lune de Six-Nuits verse ses rayons pâles
Sur l'immense forêt de chênes sombres, mer
Verte comme sa sœur, et pleine de rafales
Qui font hurler les flots de son feuillage amer.

Entre les troncs géants, dans les vastes fougères,
Défilent longuement les Galls aux cheveux blonds;
Les femmes, les enfants aux sandales légères,
Vont derrière, à côté des lourds chariots longs;

Tous se rendent au grand Dolmenn, aux Rouges-Pierres,
Sous le Chêne sacré, nourricier du Gui blanc.
Éveillé tout à coup par les clameurs guerrières
Et par les feux, le cerf, éperdu, fuit tremblant ;

Les bois morts sous les pieds craquent ; un long murmure
Étrange et musical dans les ombres les suit ;
Parfois un front luisant, des yeux, un bout d'armure,
S'illuminent soudain, puis rentrent dans la nuit.

Ils arrivent enfin à la colline sainte
Qu'aime le Dieu-sans-nom, adoré sous les cieux ;
Et parmi les tribus, ils marquent dans l'enceinte
La place de leurs camps, puis allument leurs feux :

Voici les Carnautens aux énormes épées ;
Voici les clans d'Armor brandissant le penn-baz ;
Voici les Brithons peints de couleurs détrempées,
Et les Franks dont l'angon appelle les combats.

Des sayons éclatants, de lourdes peaux de bêtes,
Couvrent les membres noirs et velus des guerriers ;
Les cheveux sont épars ou dressés sur les têtes,
En chignons empennés, d'une écorce liés.

Immobiles, les chefs ont l'air d'hommes de pierre,
Et chez tous, encadrant la bouche au lourd dessin,
Les poils rouges et drus de la moustache fière
Pendent superbement jusqu'au robuste sein.

Sur les durs boucliers reposent les framées,
Les courts glaives, les crocs, la francisque aux tranchants
Terribles, les grands arcs, et les haches formées
De bronze, de granit ou du silex des champs.

Une brume s'élève au-dessus de la foule
Avec les cris des gens l'un par l'autre appelés ;
La cervoise écumeuse à pleines cornes coule ;
Et l'on entend mugir les bœufs roux dételés.

A travers la fumée on peut voir les visages
Des Druides, là-bas, près de l'autel, vêtus
De blanc ; les Bardes sont en bleu ; les vieux Eubages
Sont en vert. — Sur leurs fronts éclatent leurs vertus.

Leur barbe est blanche, hélas ! et leur mort est prochaine !
Mais Hû-Gadarn leur fait les bras vaillants encor ;
Calmes, ils vont cueillir le Gui sur le vieux Chêne
Ceint de bandes de pourpre et d'épais anneaux d'or.

Quittant sa harpe, un barde a fait grincer sa rhote ;
Les Galls sont attentifs, et l'on voit des éclairs
Dans leurs yeux bleus ou noirs, à chaque rude note,
Qui monte, comme un cri de blessé, dans les airs.

Le barde tait son chant. — Alors un grand silence
Se fait. — On n'entend plus que le grésillement
Des torches, ou le bruit strident d'un fer de lance
Heurtant un bouclier, et qui meurt brusquement.

Soudain, comme les champs d'orge, oscillent les têtes ;
Tous les yeux sont fixés sur les chênes sacrés ;
Et du bois sombre sort la Muse des poëtes,
Ghanna, la prophétesse aux discours inspirés !

Elle apparut ainsi dans la pleine lumière ;
Et moi, Soldat romain, farouche déserteur,
Je sentis dans mon cœur de marbre la première
Ivresse de l'amour couler avec lenteur.

Ses beaux pieds soulevaient sa longue robe blanche ;
Ses bras étaient croisés sur son sein libre et nu ;
Un baudrier de cuivre emprisonnait sa hanche ;
Et, grave, elle marchait les yeux dans l'Inconnu.

Une faucille d'or jetait une étincelle
Courbe sur son côté; — torrent blond, les cheveux
Roulaient impétueux jusqu'aux talons de celle
Que, soldat attendri, je couvrais de mes vœux.

Pâle, maigre, l'œil creux, la vierge au front austère,
Entre les rangs des Brenns, se rendit à pas lents
A l'autel de granit, où, les cornes en terre,
Inquiets, frémissants, beuglaient deux taureaux blancs.

Puis elle disparut. — Sur un lit de verveine
On apporta bientôt les membres pantelants
Des taureaux. — Ce fut tout. — Du vénérable Chêne
Le Gui tomba suivi de feuilles et de glands :

Et je ne la vis plus ! — Sur la mousse flétrie,
Ivres, mes compagnons sommeillaient en grondant;
Et seul, près du feu mort, et loin de ma patrie,
Je gémissais, tordu par un désir ardent !

XI

L'EMPIRE DU SOLEIL-LEVANT

A Philippe Burty

C'ÉTAIT dans un salon parisien, le soir ;
L'aigre Mars, au dehors, mitraillait de sa grêle
Les carreaux. — Tout à coup un Monsieur vint asseoir
Devant le piano sa silhouette frêle.

Menaçant, il joncha l'instrument taciturne
De ses gants flasques ; tel, aux broussailles des bois,
Un boa jeune, ouvrant une chasse nocturne,
Laisse ses vieilles peaux. Nous restâmes sans voix !

Ainsi, quand le serpent — déjà nommé — s'élance
Sur quelque nid jaseur à la fin d'un beau jour,
Tout s'y tait, et l'horreur s'insinue en silence
Où fut la paix, où fut la joie, où fut l'amour !

Quel frisson nous saisit ! — Les messieurs et les dames
Pâlirent, et l'on crut passer le Saint-Gothard
Dès le premier aboi de la meute des gammes.
Quelqu'un voulut partir ; mais il était trop tard !

Captifs ! — Et nul moyen de commuer sa peine
En ce sommeil béat que distille un sermon :
Car les touches d'ivoire et les touches d'ébène
Tonnaient ou gémissaient sous les doigts du démon !

Oh ! ce fut bien en vain, heures, que vous sonnâtes ;
Le monstre restait sourd à vos avis, hélas !
Et le Temps, accablé, râlait sous les sonates :
Chacun eût écorché trois fois ce Marsyas !

Horrible ! horrible ! — Mais pendant que mes oreilles
Subissaient les « Morceaux » de ce Torquemada,
Mon âme aux chers pays des bizarres merveilles
S'enfuyait. — Ce fut au Japon qu'elle aborda.

Là-bas, où votre esprit si volontiers s'exile,
Burty ; là-bas où met la soie en écheveaux,
Rêveuse sous le toit de quelque antique asile,
Celle à qui vont nos cœurs, pacifiques rivaux ;

Là-bas je suis allé d'un vol rapide. O rêve !
Ma pensée a plané sur cet océan bleu,
Perfide, et dont le flot à tout instant que crève
Le lourd poisson-volant, roule, la nuit, du feu.

Blanc de neige, au-dessus des campagnes fertiles,
Le vieux Fousihama dressait son front sacré :
L'Empire du *Soleil-Levant*, hérissé d'îles,
Semblait, comme une flotte, être à sa base ancré.

Je me suis arrêté, ravi, dans une plaine
Immense et verte, aux bords à pic d'un fleuve clair
Qui reflétait, chargés de fruits, la voile pleine,
Les bateaux indolents en route pour la mer.

Ainsi qu'en ces écrans exacts et gais qu'invente
L'artiste délicat un matin, au réveil,
Et que peint de couleurs riches sa main savante,
Je voyais le Japon soudain rire au soleil :

4

Les laboureurs avec leurs grands chapeaux en cônes,
Les aveugles braillards, et les bons voyageurs,
L'éventail au côté, montant des vaches jaunes,
Défilaient à mes yeux plus surpris que songeurs;

Et défilaient aussi, marcheurs sans pétulance,
Chers à tous, et jamais regardés de travers,
D'aimables colporteurs, leurs ballots en balance
Sur l'épaule, et vendant des volumes de vers!

Enfin j'ai rencontré, traversant les cultures,
Sous des camellias splendidement fleuris,
La Jeune-Femme au nez aquilin des peintures
Amoureuses, qui font notre joie à Paris.

Hélas! celle qui fut dans Yeddo courtisane,
L'enfant peinte, fardée, aux yeux de chatte, à l'air
De Pierrot souriant, aujourd'hui se basane.
Elle est pauvre; sa robe ancienne est d'un bleu clair.

Ce n'est plus la beauté royalement vêtue
Que nous vîmes jadis, — délicieux tableau,
Pâle, la pipe aux doigts, et, comme une statue,
Accroupie immobile à son balcon sur l'eau.

Sur son front, ses cheveux qu'effleurait ma mémoire
D'un baiser tendre, font leurs volutes encor,
Mais on ne voit jamais luire en leurs flots de moire
Les boules de cristal, ni les épingles d'or.

Elle ne chante plus, la nuit, au clair de lune,
En cueillant les iris qu'adorait son amant
(Ce farouche soldat à la moustache brune,
Qui parlait de s'ouvrir le ventre constamment).

Non! son amant est mort, et le sabre se rouille
Au champ triste où le corps de ce brave est resté!
Et maintenant sa main longue et fine dépouille
Feuille à feuille, au soleil, les rameaux noirs du thé.

Elle s'est mariée ! — Un paysan morose
Au dos voûté comme un homard est son époux :
Celle qui composait des stances à la rose,
S'enivre de saki pour oublier les coups.

XII

SOUS LES PLATANES

A Auguste Vacquerie

De la plaine d'azur sombre où fleurit l'étoile,
Le repos s'épandait, immense, frais, clément!
Le vent des nuits passait dans les tentes de toile;
Parfois on entendait un grêle bêlement.

Je rêvais sur le sable à côté de mes chèvres,
Mes grands chiens hérissés sommeillaient près de moi,
Quand, soudain, échappée à d'invisibles lèvres,
Une voix s'éleva qui me remplit d'émoi;

Et cette voix disait : — « Tu n'auras point d'amie
Chez les Chananéens; ceins tes reins, et va-t'en;
Va chércher une épouse en Mésopotamie;
Sous des platanes verts, pensive, eiie t'attend;

« Je bénirai tes fils, seigneurs de la vallée
Et du mont, plus nombreux, du ponant au levant,
Que les sables légers que la vague salée
Abandonne au soleil, qui les rejette au vent!

« Tes troupeaux fléchiront sous le poids de la laine,
Et tu mesureras ton orge à pleins gomors;
Et, comblé d'ans, pleuré par le mont et la plaine,
Serein, tu t'étendras sur la couche des morts! »

Je reconnus alors le Seigneur des Armées,
Dont la voix est semblable au bruit des grandes eaux,
Le Dieu fier et jaloux, dont les mains bien-aimées
Nourrissent les lions et les petits oiseaux!

Puis j'éveillai mon père. Or sur sa barbe grise,
Pluie amère, les pleurs tombaient quand j'eus fini
Mon étrange récit. — D'une voix qui se brise :
« Pars, dit-il, que le Dieu d'Abraham soit béni! »

Alors, lorsque l'aurore aux lueurs éclatantes
Empourpra les sommets des monts aux pieds d'azur
Et mit des flammes d'or à la pointe des tentes,
Je pris un serviteur jeune, vaillant et sûr.

De bagues, de colliers, d'étoffes bigarrées,
Nous chargeons deux chameaux ruminant à genoux,
Puis, tristes, nous partons. — Les femmes éplorées
Tendaient avec douleur leurs bras faibles vers nous.

Le voyage fut long. — Les solitudes mornes
Nous regardaient passer sous l'immense ciel bleu,
Et, rêveurs, nous foulions les os blancs et les cornes
Des animaux tombés sous le soleil en feu.

Sous le sable étoilé d'aloès aux dards sombres,
Avec un mouvement régulier d'encensoir,
A nos côtés glissaient nos gigantesques ombres,
Mobiles compagnons qui nous quittaient le soir.

Après vingt jours de marche, à l'heure où dans ses flammes
Suprêmes, le soleil expire avec lenteur,
Haletants et poudreux, enfin nous arrivâmes
Sous des platanes verts, près du Puits-du-Pasteur.

Une femme était là, fleur éclose! une femme
De quinze ans; rose encore était son tendre orteil;
C'était bien la beauté des rêves de mon âme!
Elle m'apparaissait dans un nimbe vermeil.

Tantôt comme un éclair sombre son œil éclate,
Tantôt il est plus doux que l'œil doux du ramier;
Ses deux lèvres sont comme un ruban d'écarlate;
Son corps rond, mince et souple est un jeune palmier;

Ainsi qu'un long troupeau de chèvres allant boire,
Descend de Galaad les sentiers verdissants,
Ses cheveux s'épandaient sur son beau col d'ivoire;
Ses seins étaient pareils à deux faons bondissants;

Sa joue était semblable à l'enveloppe brune
De la pomme grenade, et rouge de pudeur;
Alors, noble, sans bruit, lente comme la lune
Dans le ciel, elle vint à moi, tremblant d'ardeur;

Oui, déployant soudain les grâces de sa taille
Cette vierge que Dieu lui-même m'annonça,
Plus terrible pour moi qu'une armée en bataille
Sur le sable attiédi, très-grave s'avança,

Et dit : « O mon Seigneur, je t'aime et je suis belle! »
Et me tendit sa main, clef des portes d'Amour!
J'aurais, comme Jacob, servi Laban pour elle,
Et sept ans pour mon cœur n'auraient duré qu'un jour!

XIII

LE CHANT DES TORTUES

A Edmond et Jules de Goncourt

Oh! cette nuit sans lune! — oh! cette nuit d'été!
Tenace souvenir : — Nos lèvres s'étaient tues;
Nous entendions, rêveurs, berçant l'immensité,
Le ressac de la mer et le chant des tortues.

Écarlates et verts, à l'horizon, parmi
Les étoiles d'argent, perçaient les feux de hune
Des vaisseaux balancés dans le port endormi.
La ville sommeillait sur sa colline brune.

Sous nos pieds s'imbibait — c'était l'instant du flot,
Le sable que l'écume au hasard passemente.
Chaque touffe d'ajoncs semblait un noir îlot :
Oh! dans cet archipel que la nuit fut charmante!

Les bois nous imprégnaient de leurs parfums confus.
Et nous gesticulions dans les ténèbres mates,
A l'endroit où j'étais, à la place où tu fus;
Graves et fous, et tels deux tendres automates.

Nous nous aimions beaucoup : voilà tout le roman;
Mais notre cœur était plein de mélancolie,
Car, le lendemain, seul, et comme un talisman
Emportant un aveu, j'allais en Australie.

Donc on vous échangeait, en attestant les cieux,
Serments éparpillés ainsi que les akènes
De la fleur du chardon au vent silencieux,
Sur les grèves sans fin des mers américaines!

Nous nous dîmes adieu, sans force, fréquemment!
L'angoisse écartelait nos âmes abattues,
Tandis que s'élevaient sous le noir firmament
La clameur des flots lourds et les cris des tortues.

Souvenir! — Souvenir poignant qui me réponds
Si j'appelle l'oubli, tu m'obsèdes encore!
— Quand elle me quitta je vis ses clairs jupons
Sillonner l'ombre opaque ainsi qu'un météore...

Ces jupons, nettement et toujours je les vois,
Clairs dans l'obscurité si profondes des grèves!
Nettement et toujours leurs plis roides d'empois
Font un bruit de huniers qu'on largue, dans mes rêves.

A présent, voyageur que les noirs paquebots
Bercent sur les divans capitonnés des rouffes,
Je songe à ce passé dont les frêles lambeaux
Gisent là-bas, ajoncs, entre vos sombres touffes!

A l'heure où les chats bruns, sortis des entre-ponts,
Viennent humer l'odeur des houles étrangères,
Lorsque sur la dunette éclatent les jupons,
Clairs dans l'obscurité, des sveltes passagères;

Quand les grands focs largués bruissent dans la nuit,
Je vois un couple errer, — chose amère et banale!
Sous un grand ciel d'ébène où la Croix du Sud luit, —
Imprégné des senteurs qu'une forêt exhale.

Oui, je vois deux amants sous les cieux constellés
Écouter tout à coup, pareils à deux statues,
Le murmure que font sur les sables salés
La marée arrivant du large et les tortues ;

A l'endroit où tu fus, à la place où j'étais,
Sur cette chère plage au bord de l'Atlantique,
Ainsi nous nous taisions alors que je partais
Avec ton amour bref et doux pour viatique...

Et j'aperçois toujours, au ras de l'eau, parmi
Les étoiles d'argent, les perçants feux de hune
Des navires mouillés dans le port endormi.
Oh! cette nuit d'été, si charmante, et sans lune!

XIV

LE DIEU BÈS

A Jose-Maria de Hérédia

CETTE nuit, j'ai rêvé que dans l'Heptanomide,
A Memphis, près du Nil aux fécondants limons,
Je me trouvais à l'heure où sur le sable humide,
Entre les papyrus, courent les ichneumons;

Charmé, je contemplais le clair reflet des îles
Et des couples d'ibis tranchant sur le ciel bleu,
Dans les flots du Nil jaune, où sont les crocodiles,
A l'heure où Râ paraît dans sa robe de feu.

Râ n'était point encor le Dieu coiffant de disques
Sa tête d'épervier au royal urœus :
L'astre doux qui dorait le haut des obélisques
Était le jeune Horus, émergeant d'un lotus !

Alors, courbant le front vers la poussière lisse,
A Ptah, générateur suprême des humains,
Protecteur de Memphis, Seigneur de la justice,
J'adressai mon salut, en étendant les mains :

« O Ptah ! Dieu beau, portant l'Œuf et le Scarabée !
O père d'Imhotep le divin guérisseur !
Ptah ! présent dans l'Apis à la croupe bombée,
Salut ! toi qu'Osiris choisit pour assesseur ! »

Puis je me relevai, l'âme pure et légère,
Et ravi, libre, gai, le cœur tendre, clément,
Ignorant les douleurs d'une amour étrangère,
Je repris mon chemin, sans but et doucement.

Les cigognes, en rang sur les hauts édifices,
Faisaient claquer leur bec, ou se lissaient les flancs ;
Sur le fleuve passait, les avirons aux cuisses,
De rouges bateliers vêtus de pagnes blancs.

La ville s'éveillait. — Dans les brumeuses rues
Se mouvaient les passants matinals; — les sphinx roux
Qui savent les secrets des choses disparues,
Dans les temples riaient des prêtres à genoux.

Subitement, avec de grands battements d'ailes,
Des pylônes sacrés s'envolaient les ramiers;
Dans l'air frais du matin criaient les hirondelles,
Et l'on voyait au vent frissonner les palmiers.

Un bruit sourd s'élevait, intermittent, immense,
Qui s'en allait mourir dans les champs où, les doigts
Pleins de grains, négligeant le sol qu'il ensemence,
Le laboureur, surpris, croit ouïr une voix!

Déjà, chez les marchands, les chameaux et les ânes
Se dressaient bruyamment sur leurs sabots usés,
Et les outres de cuir des longues caravanes
Ruisselaient, à côté des bassins épuisés;

Les voyageurs partaient. — Aux portes de la ville
Les paysans, courbés sous des herbages verts,
S'arrêtaient et causaient près du garde immobile
Qui songe, l'arc au pied, les yeux à peine ouverts.

On entendait les cris exaspérants des chaînes
Des treuils à monter l'eau du Nil. — Dans les faubourgs
On pétrissait l'argile, et des vapeurs malsaines
Tournoyaient lourdement au-dessus des grands fours.

Au loin, et dentelant l'azur, les Pyramides,
Que hantent, nuit et jour, visiteurs malfaisants,
Le gypaète rose et les chacals timides,
Échelonnaient leurs trois triangles imposants.

Donc, je marchais, lisant quelque flatteuse stèle
Élevée en l'honneur des grammates défunts ;
Et, des nymphéas bleus dont le Nil se constelle
M'arrivaient, frais et purs, les délicats parfums.

Tout à coup une voix, jeune, limpide et frêle,
D'une cabane aux murs de boue, au toit herbeux,
Comme dans les maïs un chant de sauterelle,
Monta, s'éparpillant vers le ciel lumineux.

Tel le souple lézard sur les pierres brûlantes,
Furtif, silencieux, ému, je m'arrêtai
Sous la fenêtre d'où, monotones et lentes,
Les paroles semblaient sortir, et j'écoutai.

Puis j'écartai du doigt la fine sparterie,
Et je vis une enfant, preste comme un poisson,
Qui, seule, toute nue, et sans coquetterie,
Nattait ses cheveux noirs en chantant sa chanson.

Ainsi que dans la nuit scintillent les étoiles,
Ses yeux osiriens, bruns, très-longs et luisants,
Brillaient dans ses cheveux. — Bistre, comme les toiles
Neuves, son corps flexible annonçait quatorze ans.

Ses seins naissants piquaient l'air de leurs pointes droites,
Chastement, sous ses bras fuselés et mignons ;
Sa taille était très-mince et ses hanches étroites,
Et c'était un trésor digne des Pharaons !

Elle chantait toujours, agaçant de son peigne
Un chat roide et pensif, soigneusement frotté,
Qui semblait méditer sur ce qu'il nous enseigne :
La propreté constante avec la gravité.

Elle allait et venait ; ses petites sandales
Claquetaient sur le sol. — Une robe de lin,
Sur un cordeau, tombait, dans l'ombre, à grands plis pâles.
Par un trou, le soleil lançait un rayon fin.

Un poitrinal modeste en pâte bleue et verte,
Un collier de fruits noirs et quatre bracelets,
Voilà tous les bijoux de la vierge qui certe
Méritait la sardoine et l'onyx des palais!

Mais le dieu Bès veillait sur la pauvre toilette!
Monstrueux et trapu, semblable à l'embryon,
Dans son petit naôs, là-haut, sur la tablette,
Bès regarde l'enfant pure comme un rayon.

La jambe en l'air, ainsi qu'il convient pour la danse,
Tirant sa langue énorme, et les mains aux genoux,
Le dieu Bès, Conseiller-des-Dames, en cadence
Dresse sa longue oreille avec des rires fous!

Le dieu grotesque rit à se fendre la bouche
En calculant combien de femmes frémiront
D'un noir dépit, le soir, sur leur déserte couche,
Lorsqu'elles auront vu ce jeune et joli front!

Aussi la brune fille, après s'être vêtue,
Dans son miroir de bronze aux reflets irisés
Se regarde, — et vers Bès à la cuisse tortue,
Lance du bout des doigts un bouquet de baisers!

XV

HIGH LIFE

A Jules d'Hervilly

Il est doux d'être Anglais! et de suivre, à Saint-James,
Sur un cheval pur sang, une miss aux yeux bleus,
Assise en sa calèche entre deux vieilles dames
Dont le chapeau supporte un oiseau fabuleux.

Il est doux d'être Anglais! et de suivre une blonde
Aux cheveux abondants roulés dans un filet,
D'une carnation « à nulle autre seconde » :
Trois gouttes de carmin dans un vase de lait!

Il est doux d'être Anglais! et de tailler sa barbe
Comme un joli jardin, triomphe du râteau!
Il est doux d'avaler la tarte à la rhubarbe,
La soupe à la tortue, et le vin de Porto!

Il est beau de griser des électeurs intègres
Qui changent, tout à coup, d'idée et de couleur;
Il est beau de former des meetings pour les nègres
Devant des ouvriers à la sombre pâleur!

Qu'il est doux d'endosser la blanche « inexpressible »
Dont le col fait rougir la cangue ou le carcan!
Qu'il est doux de marcher, sec et roide au possible,
Confortable et discret, soumis aux lois du Cant.

Mais, de par la Bank-note, et, de par les Guinées!
Il est doux d'être libre, et d'être appelé — Lord,
Après avoir hanté dans ses folles années
Les colléges d'Éton, de Cambridge ou d'Oxford!

A trente ans, j'aurais fait trois fois le tour du monde,
Toujours pâle et bien mis, flegmatique et rasé;
Et, de la froide Islande aux îles de la Sonde,
Promené mon binocle avec un air blasé!

J'aurais vu le Corso, le Prater et Boulogne,
Le Gange, la Néva, le Nil et l'Eurotas,
Bu du kwass, de l'arack, et du lait de vigogne,
Et foulé les pays du Cid et de Chactas!

Et je posséderais un musée — excentrique,
Formé de mille objets étranges ou sans nom :
Des nez de héros grecs, des girates d'Afrique,
Un rosier de Pæstum, un Guide à Trianon;

Je verrais, réunis : une flèche de Parthe
Et des croix du Saint-Père, un Sphinx et des Quipos,
Ithaque et Sainte-Hélène, Ulysse et Bonaparte :
Une branche du Saule, et l'aile d'un Eros!

Dans mon Comté natal, les canots et les livres,
Le cricket, les patins, les terriers au poil ras,
Occuperaient mon temps; et les jours blancs de givres,
Je courrais le renard avec de grands hurrahs!

Hao! mais qu'il est doux d'implorer une femme
Qui chante avec ardeur le — *God save the King,*
Et pour un mot léger, chaste hermine, se pâme,
Lève sa main charmante et murmure : *Shocking...*

Ah! qu'il est doux d'aimer une fille très-pâle,
Un ange, un rêve, un souffle, une *Beauty* d'album
Dont le front resplendit de candeur liliale...,
Et de boire en son nom un large toast de rhum!

Miss inconnue, ô fleur du royaume du *Chèque*,
Enverrons-nous jamais, comme un courrier du ciel,
A nos amis lointains un morceau du *Plum-Cake*
Qui chante aux amoureux : — C'est la lune de miel!

O future lady, nymphe de la théière,
Loin des boxeurs sanglants et du bruyant Derby,
Sous les houx du Christmas, à la neige première,
Qu'il serait gai d'entendre un rire de baby!

Pays où sont nés Burns, Milton, Byron, Shakspeare,
Sterne, Scott, Richardson, Dickens et Thackeray,
Pays de fiers marchands où, pudique, respire
La fille de mon cœur, tu m'es cher et sacré;

. . . .

. . . .

Mais la Réalité, de sa jalouse brise,
T'efface sous mes yeux, doux mirage pâli ;
O rêve! Je suis loin de la vaste Tamise,
Du Strand plein d'étrangers, et de Piccadilly !

XVI

LA DOUZIÈME HEURE

A Alphonse Lemerre

Minuit ! — La lune jaune, effaçant les étoiles,
Se traîne lourdement sur sa route d'azur ;
La terre exhale sous les mystérieux voiles
De l'ombre consolante un souffle doux et pur.

C'est l'heure où dans le sein de la rose épuisée,
Leurs quatre ailes au vent, les sylphes gais et vifs
Égrènent en riant des perles de rosée.
Le rossignol charmant prélude dans les ifs.

Au-dessous des gazons, plus bas que les rhizómes
Odorants de l'iris, plus bas, plus bas encor,
Dans leurs noirs ateliers, les lutins et les gnomes
Façonnent les grenats sur des enclumes d'or.

Minuit! — Oh! frissonnez, Débiteurs aux mains rouges!
Les Créanciers sanglants vont réclamer leurs droits;
Tremblez, dans vos palais, pâlissez dans vos bouges,
Les Spectres sont debout, mornes, roides et froids.

— ‹ Trotte, mon bon cheval! kt! kt! allons, courage!
La ville est proche; encor ce mont, encor ce val!
Ne sens-tu pas l'odeur exquise du fourrage?
Kt! kt! mon vieil ami; trotte, mon bon cheval.

‹ — Trotte! — Je vois d'ici sur la table de chêne
La chope en cristal bleu de Bohême, où je bois;
Kt! kt! — Ma femme blonde abandonnant sa laine,
La main au front, regarde à l'horloge de bois.

— ‹ Kt! kt! mon vieil ami! — J'ai soif de voir les langes
Et les rideaux à fleurs, et les berceaux sculptés
Où dorment mes petits enfants, à qui les anges
Content tout doucement des contes enchantés.

— « Trotte, mon bon cheval ! — Notre servante incline
Sa tête sur la Bible, et s'endort dans son coin ;
Kt ! kt ! encor ce val ! encore cette colline !
Trotte ! N'entends-tu pas débotteler le foin ? »

Ainsi j'aiguillonnais une fois, dans un rêve,
Mon cheval fatigué trébuchant aux cailloux,
Tandis que sur le sol, noir écuyer, sans trêve,
Mon ombre galopait, bizarre, près de nous.

Entre les saules vieux et bossus, au tronc vide,
Où le hibou sinistre et songeur a pondu,
Un ruisseau serpentait, reluisant et rapide,
Comme, hors du creuset, un jet de plomb fondu ;

Nous en suivions le bord, seuls, sous la lune ronde.
On n'entendait au loin nul autre bruit dans l'air
Que le bruit des baisers confus que donnait l'onde
Aux roseaux de la rive, en courant vers la mer.

Soudain, comme une brise au frais parfum de menthe
S'élevait, caressant les fleurs dans leur sommeil,
J'entendis une voix singulière et charmante
Qui prononçait mon nom dans un chant sans pareil.

Mon cheval fit un saut, brusquement, en arrière,
Et souffla. — Je sondai la nuit avec stupeur,
Et je vis, émergeant de l'étroite rivière,
Une femme au corps pâle ainsi qu'une vapeur ;

Le rire sur les dents, la gorge découverte,
Les yeux fixés sur moi très-langoureusement,
Elle lissait, lissait sa chevelure verte,
Et chantait ! — Incroyable et terrible moment !

— « A part l'amour, oh va ! bien vaine est toute chose !
Viens habiter, ô Frank, mon palais de cristal.
Sous les grands lis des eaux un lit de nacre rose
Attend ton noble corps que bat le vent brutal !

— « Chez nous tout est parfum, chanson, lumière, joie !
Beau voyageur, je t'aime ! Oh ! viens ! et tu verras
Les Ondins au corps bleu, les Kobolds aux pieds d'oie,
Le soir, faire valser les loutres et les rats !

— « Viens souper avec moi, mon Frank ! les escabelles
Sont d'ivoire et de jais, la table est de corail !
J'ai douze sœurs, ainsi que moi jeunes et belles ;
Viens ! nous te formerons un éternel sérail !

— « Aux accords inouïs de nos harpes d'ébène,
Les hanaps de vermeil incrustés de rubis
T'apporteront dans une ivresse surhumaine
L'oubli vivifiant des maux longtemps subis.

— « Viens, mon doux voyageur, viens oublier le monde,
Et dans nos bras polis à jamais enfermé,
Tu goûteras sans fin la volupté profonde
D'être jeune toujours, Frank, et toujours aimé! »

Nue et touchante, ainsi m'appelait la sirène!
Et moi, fou, frémissant, éperdu, fasciné,
J'eusse obéi peut-être à sa voix souveraine,
Si le clairon du coq dans les champs n'eût sonné.

Et je me rappelai cette Nixe qui rôde
Dans nos fêtes parfois, déguisée avec soin,
Et, souriant à tous de ses yeux d'émeraude,
Froisse un tablier blanc « toujours humide au coin. »

Or, sourd comme au Munster une froide statue,
Sans plus me retourner que le vieux juste Loth,
Je m'enfuis tout à coup, blême, à bride abattue,
Les mains en croix, criant : — « Meïn Gott! Meïn Gott!

XVII

M'ÇAOUDA

A Armand Silvestre

Sous la ramure sombre et d'azur étoilée
D'un caroubier géant, au cimetière, un jour,
Je te vis, M'çaoûda, mauresque potelée :
Tu riais. — Ma jeune âme eut un frisson d'amour.

Je fumais, étendu parmi les grandes mauves,
Suivant à l'horizon la ligne sur les cieux
Que tracent, couronnés de neige, les monts fauves;
L'éclat franc de ta joie en détourna mes yeux.

Sur une tombe ancienne où fleurissaient des fèves,
Et sans rien qui voilât ton visage enfantin,
Tu riais, accroupie, ô regret de mes rêves !
Le rire enflait ta veste étroite de satin.

Tu riais, M'çaoûda, bruyamment, avec grâce !
Et, coquette, feignant d'oublier le roumi,
Tu découvrais parfois la gorge blanche et grasse
Où s'ébattait un cœur qui n'avait point gémi.

Sans honte, à pleines dents, tu croquais des galettes
Ruisselantes de miel, et tu léchais tes doigts
Où brillaient par instants de lourdes gouttelettes ;
Et tu riais encore. — O claire, ô fraîche voix !

Charmante vision : — Tu te penchais, câline,
Vers ta servante noire aux monstrueux appas,
Colosse entortillé de frêle mousseline,
Qui me traitait de chien et ne t'écoutait pas.

Un relent de parfums bizarre, se marie
Dans ma mémoire émue à ce spectacle, et loin,
Bien loin d'Alger, l'odeur de la pâtisserie
M'arrive encor, mêlée à l'odeur du benjoin.

Je n'ai rien oublié. — Comme les hirondelles
Qui cinglent vers l'Afrique aux hivers bienfaisants,
A ce gai cimetière embelli d'asphodèles,
Mes souvenirs frileux reviennent tous les ans.

Sans daigner s'arrêter sur les terrasses blanches
Des villes, ils s'en vont droit, ô sœur des houris,
A ce champ du repos qui montre entre les branches
Son marabout antique et ses tombeaux fleuris.

Rien n'a changé. Voici les bosquets de lentisques
Où chantaient les serins. Le vol blanc des ramiers
Palpite encore autour de ces verts obélisques
Que dressent les cyprès au-dessus des palmiers.

Je me souviens! — Là-bas, sur les faïences peintes
Qui recouvrent les os des pieux Musulmans,
Tandis que tu riais, ô M'çaoûda, sans craintes,
Des caméléons gris s'allongeaient par moments.

Un petit âne obèse, auréolé de mouches,
Broutait l'herbe des morts près de nous. Les geckos
Ponctuaient les vieux murs du marabout, farouches.
Ta gaîté seule, enfant, provoquait les échos.

C'était un vendredi de février, à l'heure
Chaude et calme où tout dort, hormis les vents légers,
Et la mer ; sur le sable en courant qu'elle effleure,
On l'apercevait, bleue, entre les orangers.

Et je t'écoutais rire innocemment, assise
Dans les fleurs que nourrit peut-être ton aïeul,
Et je guettais tes yeux de gazelle indécise,
Tes doux yeux, tes longs yeux avivés de koheul !

Le sang courait en moi bruyant comme une ruche !
Ta figure très-ronde, et comme ton col fin,
Pâle de la pâleur mate de l'œuf d'autruche,
M'enivrait ! — Ainsi font le haschisch et le vin.

Allah ! — Mais aujourd'hui quelle est ta destinée ?
Où bat ton cœur naïf et tendre, frêle oiseau ?
A quel maître, une nuit triste, fus-tu menée,
Aux sons voilés et lents des flûtes de roseau ?

Se pourrait-il, hélas ! qu'à l'haleine brûlante
Du *Pays-de-la-Soif* ton beau front se fanât !
Le sel des oasis doit-il rider la plante
De tes chers petits pieds aux ongles de grenat !

Peut-être un fier Targui, dans sa main brune et maigre,
Prend-il tes talons gras et jaunis au safran,
Rêveur, tandis qu'au loin quelque pauvre fou nègre,
Battant le *derboucka*, nasille le Koran !

Dors-tu bercée au bruit sourd des dattiers étiques,
O ma rose musquée ? — Et sur deux beaux yeux clos,
Votre clarté toujours jeune, étoiles antiques,
Verse-t-elle à présent ses impalpables flots ?

Ou bien es-tu, cachée aux regards et modeste,
L'épouse d'un marchand en haut du Vieil-Alger,
Qui darde par d'étroits grillages un œil preste
Dans la ruelle où passe, insolent, l'étranger ?

Qui sait ? — Mais sois toujours, Fleur dont j'ai vu l'aurore,
Ce que ton nom veut dire : « Heureuse » en chaque lieu,
Et sous un *Toit-de-poil* ou dans un harem maure,
Puisses-tu rire encor longtemps, — *S'il-plaît-à-Dieu !*

XVIII

VANOZZA MIA

A Gustave Flaubert

Hier, dans les roseaux de la Grande-Lagune,
Deux cadavres flottaient, verdâtres et roidis ;
Leurs yeux vitreux luisaient aux rayons de la lune !
« Bouche close, mon cœur, c'est le secret des Dix !

— Eh ! que nous font les morts de la Sérénissime
République, ô ma dame ! — Aimons-nous ! aimons-nous !
Passons inaperçus. — L'éclair frappe la cime
Des grands pins ! — Je veux vivre, humble, à vos deux genoux

‹ O Vanozza mia, ma reine, mon idole,
Aimons-nous, aimons-nous, silencieusement,
Sous la noire *felce* de ta mince gondole
Que caresse le flot ainsi qu'un jeune amant!

‹ Le barcarol, nerveux, chante. — Les vers du Tasse
Rhythment le mouvement de sa rame de bois;
Il dérobe, Chère âme, à l'espion qui passe
Le bruit de nos baisers dans le bruit de sa voix;

‹ Tout dort autour de nous, dans le palais antique
Et sous les humbles toits. Les flambeaux sont éteints.
Un vent chargé d'amour vient de l'Adriatique
Chassant les derniers cris et l'odeur des festins!

‹ O ma Vénitienne, ô lèvres que je baise!
O sein plein d'opulence émergeant du velours!
Divine courtisane! ô toi dont Véronèse
Eût peint les cheveux d'or aux flots épais et lourds;

‹ Le jour que je te vis, des moines à sandales,
En habits noirs et blancs, passaient, le front penché,
Tandis que tu faisais onduler sur les dalles
Ta robe aux nobles plis, de satin vert broché;

« Un négrillon vêtu de pourpre, aux jambes torses,
Sur ses bras noirs, luisants, de bracelets ornés,
Portait sa traîne énorme; et, de toutes ses forces,
Tirait un lévrier svelte, blond, au long nez.

« Le peuple t'admirait. — Son filet à l'épaule,
Où les poissons faisaient de rapides éclairs,
Un pêcheur en bonnet rouge, un brin de saule
Aux dents, te dévorait de ses yeux noirs et clairs.

« Tu descendais alors, souveraine et superbe,
Un escalier de marbre au quai des Esclavons,
Et le flot bleu venait parfois, en folle gerbe,
Mourir près de ces pieds charmants dont nous rêvons!

« Ta gondole dressait son rostre aux cames blanches;
Un marin y nouait des cordages pendants,
Et de jeunes seigneurs, fiers, cambrés sur les hanches,
Te murmuraient des mots dont tu riais des dents.

« Dans l'azur franc du ciel les mâts des galéasses
S'entre-croisaient ainsi que les chaumes des blés;
L'eau calme du Canal les reflétait par masses,
Avec les vieux palais roses et noirs, doublés.

« L'enivrant souvenir de ce jour, je le garde
Dévotement au fond de mon âme, Cara ;
Mais si tu me trahis, vois-tu, jusqu'à la garde
Ma dague dans ton sein de neige fouillera !

« Mais tu m'aimes ! Vivons ! — Le frais zéphyr emporte
Les râles des damnés qui gisent sous les Plombs !
Aimons-nous ! aimons-nous ! Demain, à notre porte,
Le sbire peut frapper, la mort sur ses talons !

« Ah ! baiser à baiser, et pétale à pétale,
Effeuillons nos amours et les fleurs dans tes murs,
O Venise la folle, ô Venise fatale,
Qui ne veux point d'amour vieilles, ni de fruits mûrs !

« Le présent seul est tout ! l'avenir, noir et vague,
Épouvante mes yeux ; Vanozza, baise-moi !
Le Doge peut jeter à la mer une bague,
Et puis lui dire adieu... je te veux toute, toi ! »

XIX

LA DAME DE PÉ-KING

A Étienne Carjat

Quand vient la nuit, je pense à la dame que j'aime,
Oh! bien loin, mon ami, là-bas, dans le pays
Où le noble Empereur daigne creuser lui-même
Un sillon, devant tous ses flatteurs ébahis;

Hélas! c'est au pays des brouettes à voiles
Que mon âme s'envole, oubliant sa prison;
Celle que j'aime voit flamboyer les étoiles
Lorsque que le clair soleil rit à mon horizon.

Elle habite Pé-King, Pé-King la ville immense!
C'est la joyeuse enfant d'un mandarin lettré,
Honoré de boutons jaunes, et qui commence
A savoir plus de mots que notre grand Littré.

Son visage a l'éclat pâle de la jonquille;
Ses yeux sont retroussés vers la tempe, et moqueurs;
Elle a des ongles longs d'un rose de coquille
Qu'elle brunit parfois dans d'étranges liqueurs.

Hôte exquis, elle égaye un vieux palais bizarre,
Peint de milles couleurs, couvert d'un toit doré;
Deux banians touffus et d'une taille rare
Ombragent ce réduit coquettement paré.

Des lanternes partout, rouges, jaunes et bleues,
Sèchent aux quatre vents leurs cylindres huilés,
Et des paons familiers aux éclatantes queues
Piaulent sur les murs de bambous annelés.

Le jour, elle se tient dans une galerie
Donnant sur des jardins très-singuliers où l'Art
Déforme en ricanant la Nature qui crie,
Et simule à grands frais les effets du hasard :

On voit dans ces jardins une forêt épaisse
De chênes rabougris aussi hauts que des choux;
Sous des ponts de faïence un fleuve coule en laisse,
Entre des rochers nains, sur de jolis cailloux.

Elle est là, sur son banc, et, de sa voix féline,
Chante un air impossible où s'exhalent ses vœux;
Pour cadencer les vers, grave, elle dodeline
De sa petite tête aux superbes cheveux.

Curieuse à l'excès, parfois elle regarde
A travers les treillis, d'un œil fin et riant,
Les gestes merveilleux des Tigres-de-la-Garde
En habit jaune orné d'un dragon effrayant.

O dame de Pé-King! que la pénible vie
Serait légère alors que vous seriez à moi!
Notre couple charmant ferait à tous envie,
Et les vieillards glacés en rougiraient d'émoi!

Malgré tes pieds d'enfant, le soir, mon doux sourire,
Tout en te dandinant tu viendrais sur mon cœur,
Et ta bouche, grenade ouverte, saurait dire
D'un petit ton câlin : « Bonsoir, mon cher Seigneur. »

Nous irions, tous deux, sur les rives désertes,
Avec un cormoran fier de son collier d'or,
Pour prendre des cyprins rouges dans les eaux vertes
Surveillés d'un héron qui près un saule dort.

J'ai pour toi cent cadeaux: — une coupe de jade
Qu'un ouvrier a mis quarante ans à polir ;
Puis des tableaux d'ardoise où des jonques en rade
Bombardent des Anglais laids à faire pâlir ;

Puis des Bouddhas ventrus en pagodite rose ;
Puis — présent délicat fait pour être cité,
Un Chien-Fô d'airain noir à l'héroïque pose,
Qui mâche des serpents avec férocité ;

Puis trois cent sept écrans dans leurs étuis de laque !
Ah ! si c'est ton désir, et qu'avec chacun d'eux
Tu veuilles me donner une petite claque,
O ma fleur de pommier ! je serai bien heureux !

Parfois, en mon absence, adorable étrangère
Aux yeux clairs et brillants comme ceux des souris,
Vous traceriez des vers de votre main légère,
En l'honneur du Pêcher, sur du papier de riz.

Et puis, s'il survenait une amie, avec grâce,
Vous lui sauriez offrir, — car c'est ma vanité,
Un combat de grillons, en buvant une tasse
De lait pâle d'amande ou bien d'excellent thé.

O petite Chinoise, âme douce et fidèle,
Qu'il serait gai d'aller, loin des regards railleurs,
Faire des repas fins de nids blancs d'hirondelle
Et d'œufs de vanneau frits, sur un *Bateau de fleurs.*

XX

FREYA

A Camille Pelletan

Au Nord, séjour des Dieux, où les étoiles semblent
De larges diamants incrustés dans le jais,
L'Aurore sans soleil, arc de flammes qui tremblent,
S'irradiait dans l'air âpre et calme, par jets.

Les innombrables lacs aux rives crevassées
Où vient chercher la lune un reflet fraternel,
S'illuminaient au loin dans les plaines glacées
Que le silence habite, immense et solennel.

En haut des monts abrupts, pareils à des falaises,
On voyait sur le ciel, rouge ainsi qu'un tison,
La ligne des grands bois de pins et de mélèzes,
Mordre, comme une scie énorme, l'horizon.

Dilatant tout à coup leurs prunelles sereines,
Les légers faucons blancs reprenaient leur grand vol ;
Les vieux ours galopaient, étonnés, près des rennes,
Trouant sans bruit la neige amère jusqu'au sol.

Les glaçons suspendus à leurs poitrails robustes,
Les ruisseaux congelés, les larmes de cristal
Que pleurent dans l'hiver les branches des arbustes,
S'irisaient aux rayons d'or du feu boréal.

Telle était cette nuit polaire aux heures rudes.
Quand, soudain, une voix humaine qui troubla
Le repos écrasant des vastes solitudes,
S'écria : « Bienheureux l'hôte du Valhalla !

« Moi, je ne verrai point les trois antiques Nornes
Arroser en chantant le grand frêne Iggdrasel !
Et je ne boirai pas dans les coupes de cornes,
Après les jeux sanglants, la bière et l'hydromel !

« Lâche, je me soustrais par la mort à nos luttes ;
J'ai trop souffert ! — Adieu, torrents, plaines et rocs !
Je ne pêcherai plus le saumon dans les chutes,
Je ne chasserai plus l'élan ni les aurochs !

« Hagen ! Munen ! Corbeaux qui parcourez le monde !
Volez près d'Angagud, *le Père-des-pendus,*
Dites-lui que je meurs pour une fille blonde
Que ne peuvent plus voir mes regards éperdus !

« Pour une femme aux yeux d'azur, aux roses joues !
Hélas ! le skalde a dit : « O crédules amants,
« *Le cœur de toute femme est monté sur des roues.* »
« Mais quel homme loyal peut douter des serments !

« Près des genévriers qui bordent ma cabane,
Un matin, je La vis ; Elle emporta mon cœur ;
Maintenant, loin de moi, dans ses mains il se fane
Ainsi que, dans un vase où l'eau manque, une fleur !

« Déesse aux larmes d'or, ô Déesse que traîne
Un couple de chats blonds, pendant les belles nuits,
Confidente sacrée, ô Freya, noble reine,
Prête ta douce oreille à mes sombres ennuis :

« Viens me prendre, Freya, Veuve à la haute taille,
O Mère des amours, Guerrière sans pitié,
Qui des âmes des morts, le soir d'une bataille,
Au sublime Allfader réclame la moitié;

« O Très-belle, parmi les plus belles Asesses,
Qui daignes écouter, au palais de Folkvang,
Les joyeux chants d'amour que chantent nos jeunesses,
Prends mon âme qui rampe ici, rouge de sang! »

Mais bientôt s'éteignit cette voix désolée;
Et l'aigle qui passait sous le ciel inclément
Eût pu voir un cadavre au fond d'une vallée,
Qui saignait dans la nuit, silencieusement.

Or, pendant que dormait près des mers la Norwège,
Le sang du mort coulait, fumant, sur ses habits,
Et le vent glacial, sur son linceul de neige,
Égrenait, un par un, de sinistres rubis!

O stupeur! — Près du corps du chasseur, froid à peine,
Brusquement apparaît, ainsi qu'il l'en pria,
Sur un cheval aux pieds humains, couleur d'ébène,
L'Asesse à la fois tendre et cruelle, Freya!

Freya, dont l'œil ressemble à l'étoile du pôle!
Elle avait son armure aux écailles de fer,
Et son manteau de pourpre effrayante à l'épaule.
Le froid mordait en vain à sa robuste chair!

« Ta mort, dit-elle, était écrite dans les Runes,
O chasseur chaste et fier. — Ta maîtresse, c'est moi!
Moi dont l'œil flamboyait sous mes paupières brunes
Dans les genévriers, un matin, près de toi!

« Fils d'Iduna, je t'ai rendu la vie amère,
Et je t'ai fait pleurer! mais mon amour est tel!
Et tu devais quitter cette vie éphémère,
Pour goûter le bonheur dans un monde immortel.

« Ton cœur éclatera de joie, ô blanc jeune homme,
En me voyant bientôt, le bandeau d'or au front,
Dans mon palais d'azur, resplendissante comme
Le zigzag aveuglant de la foudre au vol prompt!

« Sous les boucliers d'or couverts de pierreries,
Indestructible toit du Valhalla d'Odin,
Va! devant les jeux gais des blondes Valkyries,
Qui peut se rappeler la Terre sans dédain?

« Tu les verras tourner dans leurs blanches écharpes,
Très-charmantes, avec des rires argentins,
Aux sons, qui font pleurer, de nos divines harpes,
Lorsque le Skalde chante au milieu des festins.

« Viens donc renaître, objet de mon amour constante !
J'ai soif de tes baisers dont le chaud souvenir
Brûle encore ma lèvre et me rend palpitante ;
Viens sur mon cœur en feu ; viens, le jour va venir !

« Odin, buveur du sang des vignes, qui caresse
Cère et Frèke, ses loups, s'irrite en ce moment :
« Que fait Freya ? dit-il, quand la table se dresse ? »
« Et les Ases, debout, tremblent, ô mon amant ! »

Disant ceci, Freya sur sa selle écarlate
Se penche, comme eût fait quelque loup affamé,
Et, roidissant ses bras où la vigueur éclate
Tire sur son cheval le corps inanimé ;

Le noir coursier frémit, renâcle, rue, et dresse
Son oreille pointue en bavant sur son mors,
Et l'auguste Freya, terrible en sa tendresse ;
Disparaît dans l'espace obscur où vont les morts.

XXI

TRIOMPHANTE

A François Coppée

Toi qu'ont chantée, avec leur crayon, ces poëtes :
Morin, Grévin, Sahib et Régamey (Félix),
Parisienne ! — sphinx ravissant de nos fêtes,
    Cher problème sans X ;

Muse de Gavarni, cocodette ou gandine,
Je veux te crayonner avec des vers ici,
Quand la fourrure a fait place à la grenadine,
    Au mois de Mai. Voici :

Le ciel est gai, l'air tiède. — Elle va triomphante,
Parée avec esprit de joyeuses couleurs,
Montrer à tout venant son *meneho* d'infante,
  Et ses grâces en fleurs.

Son chapeau, tulle et soie — un rien! — scintille et tremble,
Papillon diapré, sur un chignon épais,
Où pas mal de cheveux faux complètent l'ensemble :
  « Qu'ils reposent en paix! »

Brune ou blonde? — qu'importe! — Elle a créé la teinte
Qui séduit tout à coup le cœur le plus rétif,
Tendre caméléon dont la nuance est peinte
  Et l'éclat fugitif!

Et quel œil! — Souligné d'une virgule noire,
Tantôt c'est un roman aux chapitres scabreux,
Et tantôt un bon livre, une touchante histoire,
  Au choix des amoureux.

Ouvrant sa lèvre rouge où rit la dent humide,
Le pied cambré, sa jambe adorable en avant,
Elle va, triomphante, insolente, — et timide,
  Son nez mignon au vent.

L'ombrelle sur l'épaule, elle traîne son châle
Avec un grand mépris sur l'asphalte bruyant;
Son cher petit menton repose, rose ou pâle,
    Dans un nœud effrayant!

Sur le large ruban qui l'encadre, l'oreille
S'étale, délicate, irrésistible à voir;
Une boucle flamboie à son lobe, pareille
    A l'étoile du soir.

Pleins des froideurs du Nord ou du feu des Tropiques,
Ses gestes chastes sont parfois extravagants!
On n'oserait baiser ses mains microscopiques,
    Et l'on meurt pour ses gants!

Elle va, triomphante et sûre d'elle-même :
Telle une Olympienne au noble et divin pas,
Indifférente aux mots lâches et doux que sème
    L'homme attendri, tout bas.

Sur les talons hautains de ses bottines frêles,
Elle passe, touchant à peine les vieux grès;
C'est un oiseau qui file en palpitant des ailes,
    Un sloop aux fins agrès.

Le tumulte charmant de ses jupons ressemble
Au battement, la nuit, des huniers dans les mâts :
Navire délicat, mettons le cap ensemble
       Sur de meilleurs climats !

Vaisseau capricieux aux coquettes amures,
Sous tes bossoirs d'étoffe aux galantes rondeurs,
Le flot humain s'écarte, et suit, plein de murmures,
       Ton sillage d'odeurs !

Parisienne ! O reine éternelle et frivole !
Oracle décrétant la mode à l'étranger,
Ton goût, rare phénix, d'un pôle à l'autre vole,
       Élégant messager.

O bibelot coûteux né pour nos étagères !
Strass sans valeur serti comme du diamant !
Ravissante poupée aux robes mensongères,
       Tu nous domptes vraiment.

Tu nous mènes, Maîtresse, âmes et corps en laisse !
Vigne folle, ton pampre est fait pour nos cheveux,
Et ta grappe nous donne après tout cette ivresse
       Qui comble tous nos vœux.

O ma compatriote inconnue! ô passante!
Grâce! je blasphémais; mes remords sont aigus.
Et je jette à jamais mon âme frémissante
    A tes pieds exigus.

Triomphante, impassible, ayant au coin des lèvres
Un sourire très-vague et très-mystérieux,
Elle va, remplissant des plus troublantes fièvres
    Tous les gens sérieux.

C'est le Parfum, l'Oiseau, la Gaîté, la Jeunesse,
La Séve, le Rayon, l'Amour et le Printemps,
Qui se sont déguisés — pour qu'on les reconnaisse
    En femme de vingt ans.

O vœux de chasteté! vœux écrits sur le sable!
Sa jupe vous effleure, et vous vous effacez;
La voici, triomphante, unique, indispensable :
    « Pstt! muscades, passez! »

XXII

LA FILLE AU TAMBOUR

A Albert Glatigny

C'ÉTAIT un soir, l'été; je la vis, par hasard,
Sur un tréteau banal, à la clarté des lampes;...
Mais je sentis au cœur comme un coup de poignard,
Et mon sang afflua, brusquement, sous mes tempes;

Un immense désir me mordit, et, tremblant,
Le gosier sec, les poings crispés, les yeux en flamme,
Je pensais : « Oh! l'avoir, une nuit, pantelant
Entre mes bras roidis, le corps de cette femme!

Posséder cette fille! A ses seins indomptés,
Convulsifs, longuement poser ma lèvre ardente!
Oh! boire en une nuit toutes les voluptés
Des amoureux damnés de ta spirale, ô Dante! »

Et l'espoir me grisait! et de mes regards fous
Je couvrais cette proie, au clair des candélabres
D'une loge de foire où, pour deux ou trois sous,
Un Sauvage avalait, en souriant, des sabres!

Cette fille battait gravement du tambour,
Basanée ainsi qu'une écorce de grenade,
Sa face offrait les traits des races d'Édimbourg,
De Paris, de Lahor, de Prague et de Grenade;

Vingt sangs étaient mêlés dans ses veines, aussi
C'était un type unique, une femme idéale :
Tzygane ou gitana, bayadère ou gipsy,
Elle me tordait l'âme, empourprant mon front pâle.

Sous ses minces sourcils, arqués avec mépris,
Son œil osirien flamboyait, dur, sauvage;
Et, sur le bon public, ainsi qu'un aigle pris,
Parfois elle jetait un regard plein de rage,

Et souvent, ô douleur! sa dent blanche plongeait
Dans sa lèvre charnue et sortait toute rouge!
Cette bohème avait, alors qu'elle bougeait,
Des mouvements de reine et des tressauts de gouge!

Son torse sculptural, hardi, nerveux, sortait,
Bien cambré, du jupon, voluptueuse base,
Et sa jambe de biche, au bas rose, invitait
L'œil lascif à percer son caleçon de gaze.

Les paillons éclataient ainsi que des soleils
Sur ses habits ; son front portait trois diadèmes
D'argent faux, où pendaient, à des astres pareils,
Des cabochons de strass mêlés de fausses gemmes.

Aussi noirs que la Nuit, et parfumés comme elle,
Ses cheveux lourds, nattés, et jusqu'aux reins pendants,
Lui donnaient l'air méchant qu'ont dans la Tour de Nesle
Marguerite et ses sœurs près de leurs Buridans!

Faisant saillir sa croupe, elle battait toujours
Sur la peau d'âne pour les soldats et les bonnes,
Et, corps de granit froid, aux sens muets et sourds,
Stoïque, elle restait entre quatre trombones!

Et j'en avais pitié ! la sueur me coulait
Sur la joue en voyant cette misère infâme,
Et je sentis, vaincu, qu'une larme roulait
Sous ma paupière, — perle, hélas ! pour cette femme !

Car cette saltimbanque, après le gaz éteint,
Quand le Sauvage dort, le bras sur sa cassette,
Et rêve à son pays natal — nommé Pantin,
S'en va probablement en nocturne recette !

XXIII

MISS GERTRUDE K...

A Gustave Canoby

Que fait-elle aujourd'hui ? — Quand la pluie attristante
Hache le ciel plombé sans relâche, toujours,
Toujours, d'une façon uniforme et constante,
Et, sur les toits de zinc, fait des bruits de pleurs lourds,

Ma pensée, à travers l'immensité morose,
Vole d'une aile tendre au pays des boxeurs,
Et là, comme un petit rouge-gorge se pose
Au bord d'une croisée où travaillent deux sœurs.

Deux sœurs, — ô souvenirs purs et remplis de grâce !
Deux sœurs au menton fin, — hôtesses d'un passé
Qui laissa dans mon âme une adorable trace ;
Deux sœurs dont la vertu n'a rien de compassé.

L'une d'elles m'est chère, — oh ! bien chère ! — et peut-être
Son chaste sein bat-il, tout à coup, maintenant,
Pour moi, tandis qu'assise auprès de la fenêtre,
Elle écoute le vent qui vient du Continent ?...

Hélas ! — Peut-être aussi dans cette ville prude
Où vous vivez, modeste et douce comme Esther,
Je suis bien oublié ? Dites, ô miss Gertrude,
Vous le rappelez-vous mon nom, à Manchester ?

Et vous souvenez-vous de la côte française
Où, grâce à Dickens, grâce à des livres prêtés,
Nous nous sommes connus, un soir, sur la falaise ?
Vous en souvenez-vous, au retour des étés ?

Moi, je vous vois toujours, sous votre ombrelle grise,
Onduler lentement entre les vieux bateaux,
Et, pudique, lutter contre la folle brise
Qui venait de la mer, ou venait des coteaux.

Oh! son petit accent, je crois l'entendre encore,
Quand, visage béni, parmi les matelots
Qui halaient leur poisson sur le galet sonore,
De sa bottine étroite elle agaçait les flots!

Nous avions pris tous deux, par hasard, l'habitude
D'aller chaque matin en haut d'un chemin creux
D'où l'on voyait venir, trésor d'exactitude,
Le robuste facteur, haletant et poudreux ;

Et, fraternellement, nous montions, côte à côte,
Sous les hêtres touffus pleins de nids en émoi ;
Et, vrai, je n'avais pas le désir d'être l'hôte
De ce franc petit cœur qui battait près de moi ;

Non, je ne l'aimais pas comme on aime la femme
Qui vous tendit la main en sa douce pitié ;
Je ne sais quel lien m'unissait à cette âme,
Mais il était plus vif encor que l'amitié!

Et j'étais très-ému devant cette innocence
Et cette loyauté qui me traitaient de pair,
M'épargnant, Dieu merci, la banale décence
Qu'aux filles de Paris on siffle comme un air!

Nous attendions ainsi, sous cette verte route
Que perçait le soleil, flèche d'or, par moment ;
Nos yeux interrogeaient parfois la grande route;
Et comme des enfants nous bavardions gaîment.

Ah ! dévoiler son cœur en de froids hexamètres !
Que les mots ne sont rien auprès de ce qu'on sent !...
— Le facteur souriait en nous donnant nos lettres...
Moi seul je comprenais ce sourire blessant.

Cela dura vingt jours et passa comme un rêve,
Et puis elle partit, un matin, brusquement...
Allez ! je sais comment devient triste une grève
Où la foule est joyeuse et le soleil clément !...

Partez, insoucieux, pêcheurs, barques et vagues !
Demain vous reviendrez avec le premier flux.
Ce que je perds, hélas ! est pareil à ces bagues
Que les Doges jetaient : — Je ne la verrai plus !

Non, je ne l'aimais pas, et j'en aimais une autre,
Mais regardant la mer avec des regrets fous,
Oh ! je souhaitais d'être à bord de chaque côtre
Qui, droit vers l'Angleterre, ouvrait ses huniers roux !

Souvent au ciel, souvent les étoiles s'éteignent
Dont l'éclat nous fut doux et nous faisait rêver,
Mais dans le souvenir à jamais elles règnent,
Miss Gertrude, et l'on sait toujours les retrouver :

Aussi, lorsque la pluie absurde tombe à verse
Et que, depuis trois jours, le bon soleil n'a lui,
Mon esprit, loin du corps que le vent triste berce,
Retourne aux jours perdus. — Que fait-elle aujourd'hui?

XXIV

BUCOLIQUE NOIRE

A Eugène Viollat

Heureux (loin de Paris où l'*Habit-noir* triomphe
Sur le dos du Progrès, ce bienfaiteur amer)
Le touriste défunt que l'on jette à la mer
Où le requin se joue auprès du monogomphe!

Il n'a plus à creuser l'*Or not to be* d'Hamlet!
Et close pour toujours est sa bouche aux mensonges;
Sans rêves, il sommeille en un doux lit d'éponges
Comme au sein maternel l'enfant ivre de lait.

Tel est mon humble avis. — Maintenant « je demande
La parole pour un fait personnel. » Hier,
Des vers me sont venus, soudain, dont je suis fier;
Le fait est qu'ils ne sont pas écrits sur commande.

Le sujet en est neuf, mais triste. — Malte-Brun
Chérirait mon récit pour sa morale saine :
Pas de « Petits oiseaux! » et je passe la scène
« De l'héroïne blonde et du jeune homme brun. »

— Sous les dattiers poudreux d'une Oasis sans ombre,
Dans cette Afrique australe, étrangère aux Beaux-Arts,
Où l'estomac se fait l'esclave des hasards,
Cinq négresses chantaient près d'une eau chaude et sombre.

Le soleil ruisselait dans l'air incandescent;
Cette Oasis était vierge de tout article
Épais, soit au *Cosmos,* soit au *Morning-Chronicle,*
Soit au *Buloz-Journal,* ce pavot florissant!

Aucun soulier cousu dans notre vieille Europe
N'avait laissé sa trace au sable fin et chaud
De ce pays caché comme un cœur d'artichaut :
On n'y connaissait pas, surtout de nom, le *trope!*

Mais dans ce paradis torride, des Adams
De couleur vivaient, gais, sans avoir, — de leur vie! —
D'apprécier Ponsard éprouvé quelque envie :
« N'achetant point de gants, ils dînaient : » — Noirs prudents

Bref, c'était le pays — le seul — à défaut d'îles,
Où l'on pût s'écrier encor, loin de Verdi,
Robinson sans journal — et veuf de Vendredi :
« Où peut-on être mieux qu'au sein des crocodiles! »

Car — désormais — où fuir le noir Ingénieur
Décoré, qui compare (insondable délire!)
Les fils du télégraphe aux cordes de la lyre,
Disant qu'à votre souffle ils résonnent, Seigneur !

Donc, au soleil sans frein, qui jaunit et terrasse
Les dattiers rabougris, cinq négresses chantaient,
Tandis que leurs poupons noircissants les tetajent.
Dans l'Oasis régnait une ignorance crasse.

Tout à coup — maigre et long — la boussole à la main,
Un être — en paletot — apparut devant elles;
Des favoris traçaient leurs courbes immortelles
Sur sa face semblable à du vieux parchemin.

8

« Je suis Sir Hutchinson (Edwards), un géographe
De London, » leur dit-il. — Avec son nouveau-né
Chaque négresse prit cet air très-étonné
Qu'affecte l'éléphant à l'aspect d'une agrafe;

Puis un rire éclata (comme en connut Vulcain)
De leur oreille gauche à leur oreille droite!
Or l'Anglais ajouta d'une façon adroite :
« Comment vous portez-vous? » en langage africain.

Politesse inutile! — Il eut le sort d'Orphée.
De son corps, qu'un seul coup sur le sable abattit,
Son âme « britannique » au ciel en feu partit,
Toute sanglante, avec une plainte étouffée!

Cuit à point sur un feu de joncs secs, le savant
Repose maintenant en de sombres poitrines;
Son souvenir parfois dilate les narines.
Hélas! de tels festins se font trop peu souvent!

Gloire à Dieu! — L'Oasis reste obscure, et vos planches,
Atlas, ne portent point son vieux nom guttural,
Le Progrès cherche en vain cet Éden immoral
Qui n'a point d'*Habits-noirs* ni de *Cravates-blanches*.

Ah! ce n'est qu'un répit d'un jour! Tout disparaît :
L'Inconnu! l'Imprévu! Le globe se francise,
Sur les *Indicateurs* il faudra que l'on lise :
— TOMBOUCTOU — (*Buffet.*) (*Bif.*) — (*Dix minutes d'arrêt.*)

Mais il est des pays où les Bibles, par balles,
N'iront jamais verser la céleste liqueur :
Poëtes, ô famille exquise de mon cœur,
Rassurez-vous, il est encor des cannibales!

Oui, tout l'indique! — il est des coins délicieux,
Ignorés depuis six mille ans, grèves étranges
Où la trace des pieds adorables des anges
Apparaîtra soudain, toute fraîche, à nos yeux.

Je conclus. Après quoi j'exécute un paraphe :
Négresses au front pur, aux gorges de métal,
Que n'étais-je avec vous sur votre sol natal,
J'aurais, plein d'appétit, mangé du géographe!

XXV

OMBRE ET REPOS

A Albert Mérat, à Léon Valade

Assez! — Viens, ô mon cœur! Exilons-nous! — Quittons
  L'Europe sanglante et caduque;
Viens! Le Hasard sera le séduisant heiduque
  Du rêve qui nous prend. Partons!

Partons! car les hiboux demandent, pleins de joie,
  Une extinction des flambeaux;
Partons! On va tailler de l'ouvrage aux corbeaux,
  Ainsi qu'à l'homme qui fossoye.

Partons ! et méprisons ces gens qui vont demain
      Décrocher de sombres timbales.
Viens ! je ne veux plus voir les murs troués de balles
      A la hauteur du crâne humain !

Oh ! loin des êtres noirs tout hérissés de prose,
      Fuyons dans ce pays charmant
Qui voit sur ses lacs bleus voguer élégamment
      Des cygnes d'ébène au bec rose !

Hors du cercle absurde où, sourd à toute leçon,
      L'ancien monde égoïste tourne,
Fuyons ! — et comme dit un squatter, à Melbourne :
      Allons explorer le « *Buisson* ».

Au *Buisson,* lâche cœur ! tu pleures, tu palpites
      Très-douloureusement, hélas !
Partir est dur ? Partons ! — Allons chercher là-bas,
      Le calme et l'oubli, ces pépites !

Allons dans les forêts où de ses pieds nerveux
      Courbant les hautes graminées,
Vit libre, et meurt après de splendides journées
      La Race-noire-aux-longs-cheveux.

Dans l'Australie encor jeune et pleine de force
    (Mais à cent milles des fermiers),
Puissé-je bientôt voir, entre les blancs gommiers,
    Le toit de ma hutte d'écorce !

Adieu donc cette Seine avec ses canotiers
    Éparpillés sur les rivages !
Je vais démêler, sous les muscadiers sauvages,
    Le vert écheveau des sentiers.

Avec mes pauvres Noirs chevelus jusqu'au buste,
    Armé d'un *boomérang* fameux,
Je chasse désormais les casoars-émeus
    Et le phascolome robuste.

Adieu la causerie inepte des salons !
    Il me faut les récits austères
Qu'écoutent près d'un feu les chasseurs solitaires,
    Le soir, assis sur leurs talons.

Bois muets, bois profonds, bois frais comme des cryptes,
    Arbres aux troncs prodigieux,
Verdissez à jamais sur mon front soucieux :
    Myalls, baobabs, eucalyptes !

Bois inondés, la nuit, de suaves parfums,
    Voici mon âme fugitive;
Bercez-la doucement, car elle vous arrive
    Veuve de ses espoirs défunts!

Oh! les sommeils d'enfant retrouvés sous les branches,
    Et finis sans réveils amers,
Quand les kakatoès ouvrent dans les cieux clairs
    Leurs innombrables ailes blanches!

Donc, au *Buisson!* — Mais seul! loin du mineur grossier
    Qui lave, en sifflant, de la boue,
Ou va, tâtant les quartz, — la chique sous la joue, —
    A coups de son marteau d'acier;

Loin des aventuriers vomis par tous les bouges,
    Je veux sentir sous mon orteil
Le sable incandescent où galope au soleil
    L'énorme autruche aux cuisses rouges.

A moi l'Ornithorhynque étrange et décevant,
    Paradoxale créature,
Ce quadrupède à bec, essai de la nature,
    Qui semble un fossile vivant!

Au *Buisson!* au *Buisson!* — Là seulement on goûte,
　　L'œil ferme et clair, les reins dispos,
Ce qu'aime tout batteur d'estrade : « Ombre et repos. »
　　Sur le sol que l'herbe veloute.

Tel un jeune opossum dans les branches, l'été,
　　Rêve, suspendu par la queue,
Là, je savourerai, pendant la saison bleue,
　　Ta saveur âpre, ô Liberté !

Puis, un soir, s'appuyant sur son *wahna* d'ébène,
　　Je verrai sortir des taillis,
Gauche et douce devant mes regards éblouis,
　　Une jeune et pure indigène.

Une jeune indigène aux solides jarrets,
　　Habile à recueillir les gommes ;
Et nous nous unirons comme les premiers hommes
　　Au sein des premières forêts.

Ainsi je jouirai d'un bonheur sans mélange
　　Sans me souvenir de Paris,
De l'aube jusqu'à l'heure où la chauve-souris
　　Traverse le couchant orange.

O ma charmante épouse, ô mon bien doux espoir !
       Après avoir pris aux fougères
Les larves qu'aisément et gaîment tu digères,
       Nous nous amuserons à voir

Les graves kanguroos aux allures grotesques,
       Émergeant soudain des halliers,
Se sauver, en sautant çà et là, par milliers,
       Comme des puces gigantesques.

TABLE

PARIS. — J. CLAYE, IMPRIMEUR, 7, RUE SAINT-BENOIT — (330)

PARIS. — J. CLAYE, IMPRIMEUR, 7, RUE SAINT-BENOIT — [330]